講談社文庫

乱世の名将　治世の名臣

中村彰彦

講談社

目次

I　歴史のクロスロード

II

時代は巡る

乱世の名将　治世の名臣

隋唐の国際秩序と東アジア

I　歴史のクロスロード

知られざる名将・長野《ながの》業正《なりまさ》

関東管領《かんれい》とは、もともとは室町《むろまち》幕府が鎌倉公方《かまくらくぼう》を輔佐させるために置いた職である。いつか山内上杉《やまのうちうえすぎ》氏が世襲するところとなった関東管領は、関東の政務を統括しつつ武蔵《むさし》国の守護職を兼務するなどして、一時は強大な実力を誇った。

しかし、鎌倉公方との対立、上杉氏の内部抗争、後北条《ごほうじょう》氏（小田原《おだわら》北条氏）の抬頭《たいとう》などによって次第に弱体化。山内上杉氏最後の関東管領になる運命にあった上杉憲政《のりまさ》の代には、上野《こうずけ》国の平井《ひらい》城を保有するだけになっていた。

ただし、憲政には忠臣がひとりいた。それが、やはり上野国群馬《ぐんま》郡の箕輪《みのわ》城を守っていた長野信濃守《しなののかみ》業正である（業正を業政と表記する史料もあり）。長野業正が懸命に箕輪城から平井城へおもむいて憲政に尽くす姿を見て、一時は上杉家を見限ろうとしていたほかの武将たちも、ふたたび平井城に出仕するようになったほどだった。

一方、業正は和歌にも造詣《ぞうけい》が深く、次のような逸話を残している。

家臣の某《なにがし》が民間から妻を迎え、ある日その妻が窓辺で髪を梳《くしけず》っていると長さ

五、六尺（一・五二〜一・八二メートル）の蛇があらわれた。

「あれを御覧下さいませ、おうこのような丈《たけ》の蛇が出ました」

と妻が驚いて某に伝えたところ、某は「おうこ」ということば遣いを田舎臭《いなかくさ》く思い、妻を離縁してしまった。妻は和歌一首を壁に書きつけて去っていった。

万葉の歌の言の葉なかりせば思ひの外の別れせまじを

某にはどういう意味かわからなかったが、この話を聞いた長野業正は左のような古歌があることを某に教えてやった。

陸奥《みちのく》の千《ち》引《びき》の石と我恋と担《にな》はばあふこ中《うち》や絶えなん

このように「おうこ」とは歌語として用いられてきた典雅なことばで、天秤棒《てんびんぼう》のことだった。右の歌の歌意は、

「陸奥にあるという千人がかりでしか動かせない石と私の恋を『おうこ』の両端に結んだならば、私の恋はその石にも負けない重さですから『おうこ』がまんなかからぽ

きりと折れてしまうことでしょう」

というこ と。つまり某の妻は蛇の長さを「おうこのような」と品良く表現したのに、無学な某はこれを田舎臭いと思いこんでしまったのだ。

「然《しか》るに鄙《いや》しき言葉とて離別致しなば、末代まで我等の恥なり」（岡谷繁実《おかのやしげざね》『名将言行録』）

と某を叱《しか》った業正は、すぐに妻を呼び返させたという。

室町時代の後半は戦国乱世の世であり、血腥《ちなまぐさ》い話が多い。とはいえそのような時代であっても、教養ある武将もいたのだ。

さて、この長野業正は、名将真田《さなだ》幸村《ゆきむら》の祖父にあたる真田幸隆《ゆきたか》を一時保護してやったことでも知られる。信州《しんしゅう》小県《ちいさがた》郡真田郷の領主だった幸隆は、天文《てんぶん》十年（一五四一）五月に小県郡ではじまった海野平《うんのだいら》の戦いの結果、武田《たけだ》信虎《のぶとら》・村上義清《むらかみよしきよ》らの連合軍に敗北、上州《じょうしゅう》へ逃れて箕輪城に身を寄せたのである。

のちに真田幸隆は武田信虎を追放したその長男晴信《はるのぶ》（信玄《しんげん》）につかえ、武田二十四将のひとりにかぞえられることになるのだが、武田家の軍師として知られる山本勘助《やまもとかんすけ》が幸隆に出仕を勧めたのも、この箕輪城でのことだったといわれている。

幸隆が何年間長野業正の世話になっていたのかは、はっきりしない。はっきりして

いるのは上杉憲政が武田家と戦っていたため、業正に恩のある幸隆としては、

「私は武田家につかえることにしました」

と切り出しにくくなってしまったことだ。

だが、武田家につかえさえすれば、晴信は信州へも勢力を拡大していたから、幸隆としてはいずれ小県郡真田郷へ帰ることができるかも知れない。

そこで幸隆は策を用いることにして、まず病と称して寝室に引き籠《こも》り、だれにも面会を許さないことにした。機を見て、

「もはや寿命も尽きつつあるようなれば、真田郷に引退いたしたい」

と業正に伝えれば、かれを傷つけることなく箕輪城を去ることができる、と考えたのだ。

こうして仮病を使いはじめた幸隆に、ある日、業正は使者を介して申し入れた。

「わが主人が申すには、このたびの御病気は尋常の医薬にては治すべきにあらず、当国甘楽《かんら》郡の奥、余地峠《よじとうげ》を打ち越えて良薬を求められよ。善は急げと申すにより、今日明日のうちに出立《しゅったつ》なされてしかるべし。馬などは当方におまかせあれ、とのことでございました」

余地峠とは東に上州甘楽郡の下仁田《しもにた》、砥沢《とざわ》を、西に信州佐久《さく》郡の海瀬《かいぜ》を見る鞍部《あんぶ》の

ことで、佐久郡から八ヶ岳《やつたけ》の連山に沿って南下してゆけば武田家の館のある甲斐《かい》府中（甲府《こうふ》）にたどりつく。

すなわち業正の助言は、幸隆にとっては渡りに舟であった。しかも業正は、三度まで使者を立てておなじことを申し入れたので、幸隆は近習《きんじゅ》数名のみを従えて下仁田をめざした。

むろん幸隆は、こう思案したのである。では良薬を求めにゆくという名目でここを去り、武田家に身を寄せてから業正にあらためて礼を述べよう、と。

高崎《たかさき》の北西二里にある箕輪城から下仁田をめざすには、板鼻《いたはな》―安中《あんなか》―松井田《まついだ》と中仙道《なかせんどう》を西へすすみ、間道を南下してゆけばよい。

しかし、その下仁田で休息をとる間に、幸隆は松井田の方角から不思議な行列がやってくるのに気づいた。

その行列のなかに混じる駄馬の背に括《くく》りつけられている家財道具は、どうもどこかで見たような品ばかり。それも道理、それらの道具類は幸隆が箕輪城で業正から与えられ、使用していた品々だったのだ。

しかも行列の背後からは、幸隆の正室が男児ふたりをつれ、箕輪城に残留させていたはずの家の子郎党たちに守られてやってきた。

そのひとりは、幸隆に事情を伝えた。

「今朝、殿が御出立なさいますと長野家の重臣二名があらわれ、真田家の者はただちに御跡《みあと》を慕うべし、家財道具はすべて馬で運ばせるから案じるな、といって下さったのでございます」

その家臣は業正からの手紙を託されており、幸隆が開封するとこう書かれていた。

「甲斐に武田晴信あり、若き人にまたあるまじき弓取りなり。ただし箕輪に業正があらん限りは、碓氷川《うすいがわ》を越えて上州にて馬に草飼わんと思いたもうべからず。隣交を忘れたもうことあるまじき由」

長野業正は幸隆が武田家につかえると知っていて、わざと箕輪城から退去しやすいようにあれこれ工夫してくれたのである。

いずれは敵将となる者の将来を考え、自分が不利になることを厭《いと》わず送り出す。かつてはこういう武士道もあったのだ。

なお、長野業正は永禄《えいろく》四年（一五六一）六月に六十三歳で死亡するが、たしかにそのことば通り、生前には武田家が上州へ進出することを断じて許さなかった。かれは、知られざる名将のひとりである。

柴田《しばた》勝家《かついえ》は単なる猪武者か

武士というものは、名前をふたつ持っている。通称と諱《いみな》である。織田信長《おだのぶなが》に仕えた柴田勝家の場合、勝家とは諱であり、通称は権六《ごんろく》、のちには修理《しゅりの》亮《すけ》といった。だから勝家は、日常では柴田権六、あるいは柴田修理亮と呼ばれていた。

本稿では勝家という諱を用いて記述してゆくが、とにかくこの人物は猪突猛進《ちょとつもうしん》型の荒くれ武者というイメージで捉《とら》えられてきた。このイメージを育てた逸話のなかで、もっとも名高いのはつぎのようなものだ。

元亀《げんき》元年（一五七〇）六月、すでに尾張《おわり》・美濃《みの》・伊勢《いせ》の三ヵ国を領有するようになっていた信長は、京都へ進出するため南近江《みなみおうみ》の覇者六角承禎《ろっかくじょうてい》（義賢）と戦った。織田軍の一翼を担う柴田勝家は、近江国蒲生《がもう》郡の長光寺《ちょうこうじ》城に陣を布《し》いた。

すると六角承禎・義治《よしはる》父子の軍勢が城を取り巻いたので、勝家は籠城戦《ろうじょうせん》に踏み切った。しかし、長光寺城には大きな弱点があった。城には兵多数が暮らすから、水源地を確保しておく必要がある。というののこの城に引き入れられた水の手の、水源地ははるか遠くにあった。

それに気づいた六角軍は、兵の一部を放ってその水の手を切断してしまった。以後、柴田軍は水の欠乏に苦しんだが、決して弱った気配を見せない。それを奇怪に思った承禎は、和議を結ぶと見せて平井甚介《ひらいじんすけ》という者を使者として長光寺城に送った。

甚介は勝家に迎えられて雑談をするうちに、手水《ちょうず》（トイレ）を使いたい、といって席を立った。むろんこれは、城内にどれくらい水が残っているかを調べようとしてのこと。ところが甚介が手水場から出てくると、勝家の小姓《こしょう》ふたりが水の入った飯銅《はんどう》（飯櫃《めしびつ》形の容器）を持って待っていて、甚介に充分に手を洗わせた。それればかりか、残った水は庭にぶちまけてしまった。

このことを甚介から報じられたとき、承禎は作戦が失敗したのかと思って首を傾げた。

だが、やがて城内の水不足は決定的局面を迎え、勝家は明日打って出ると覚悟を決めた。そこで諸士を集め、最後の酒宴をひらいて残った水の量をたずねると、二石入りの水瓶《みずがめ》が三つしかないとわかる。

その水瓶三つを運び出させた勝家は、

「されば、近頃の喉《のど》の渇きを止めよ」

といって人々に心ゆくまで水を飲ませた。

そしてつぎの瞬間、勝家はまだ水の残っていた瓶三つを長刀の石突き《いしづき》（鐺《こじり》）で突き割ってしまった。出陣して六角軍を打ち破らない限り水は飲めないという状況をあえて作り出すことにより、勝家は将兵に奮起を促したのだ。

「明《あく》れば六月四日の早天《そうてん》に門を開き、打出《うちいず》る。敵思ひも寄らざることなれば、大《おお》いに敗北しぬ。勝家追撃《おいうち》て首八百余級を得て（略）、信長感状を与へ、賞せらるゝこと大方ならず。是《これ》より世人、勝家を瓶割《かめわり》柴田と称しけり」（岡谷繁実《おかのやしげざね》『名将言行録』）

勝家にはもうひとつ、「鬼柴田」という渾名《あだな》もあった。「瓶割り柴田」と「鬼柴田」なる渾名をふたつならべれば、そこから立ちあがってくるのは、いささか乱暴者ではあるがいくさには滅法《めっぽう》強い猛将中の猛将というイメージだ。

しかし、これはあまりに単純で皮相的な見解にすぎない。織田家最古参の宿老である勝家には信長に諫言《かんげん》する勇気も備わっていたし、行政官としての能力にも大いに見るべきものがあった。

天正《てんしょう》三年（一五七五）八月、信長は越前府中《えちぜんふちゅう》へ進撃して越前一向一揆の鎮圧《ちんあつ》に成功するのだが、その後、越前のうち八郡の支配を任されて北《きた》ノ庄《しょう》城主となった勝家は、ふたたび国内に一向一揆が起こらないよう、ある工夫をした。

勝家は、もはや戦乱の世はおわったのだから武器はいらなくなったはずだ、その武器をことごとく差し出すならば望み次第に農具を与える、と八郡のうちに布令したのだ。

「郷民等承《うけたま》はり届け、遅参に及びなば如何《いかが》なりとて、弓銃は勿論《もちろん》、太刀・鞍《くら》・鎧《よろい》等まで、己《おの》が村中を穿鑿《せんさく》し、我劣らじと持参せり。集まる所の兵具幾千万と云《いう》数を知らず。山の如《ごと》く積み上げたり。勝家鍛冶《かじ》を召寄《めしよ》せ、農具に打換《うちか》へて与へしかば、国中弥々静謐《いよいよせいひつ》にして、一揆の沙汰《さた》はなくなりにけり」（同）

高校の日本史の教科書などは、刀狩《かたながり》をおこなったのは豊臣秀吉《とよとみひでよし》であり、その時期は天正十六年（一五八八）のことだったとする。しかし、勝家は天正四年（一五七六）と秀吉より十二年も早く平和を蘇《よみがえ》らせるために刀狩をおこなっているのだから、刀狩という画期的なアイデアは勝家の業績として評価されるべきなのだ。

しかも秀吉は、没収した武器を溶かして大仏殿の釘《くぎ》やかすがいを作る、と語っていた。対して勝家は、前述のようにたくさんの農具を作らせたほかに巨大な鎖《くさり》も鋳造《ちゅうぞう》させた。

今日のＪＲ福井《ふくい》駅のすぐ近くにある柴田神社（北ノ庄城跡）に展示されているこの鎖は、ひとつが人間の大腿骨《だいたいこつ》より大きいのに驚かされる。勝家がなぜこんな鎖を鋳造させたかといえば、九頭龍川《くずりゅうがわ》に舟橋を架《か》けて旅人や商人たちのために交通の便をよくしようと考えたためにほかならない。

舟橋とは笹《ささ》の葉形の川舟を多数、舷《げん》が接するようにならべていって橋代わりとするもののことだが、この巨大な鎖は舟と舟とをしっかりと縛着《ばくちゃく》するために使われたのだ。

私の知る限り勝家の行政手腕に学者たちが注目しはじめたのは二十世紀になってからのことだったらしく、たとえば牧野信之助《まきのしんのすけ》の論文「柴田勝家と民政」（『歴史と地理』一ノ三、大正七年〈一九一八〉刊）は以下のようにいう。

「勝家の土木事業は国中到るところに施設せられて今に至るまで利便を享《う》くるものが少くない。（略）北国《ほっこく》街道が木目《きのめ》峠を通過することは迂遠《うえん》であるとして、新《あらた》に椿坂《つばきざか》を開鑿《かいさく》して直ちに近江に通じ柳《やな》が瀬《せ》に出でしめた如きこれである。その他或《あるい》は新地の開発を勧め検地を励行し、（略）枡目《ますめ》を改め、特に北の庄、三国《みくに》の商人に対しては或は座数を増加し若《も》しくは振売《ふりうり》（座に属さない商人）をも許可して便利を増さしめたことなどは特筆に値すべきことである。

斯《か》く農工商のすべてに亘《わた》って適当に保護を与へたからして国中の産業は漸《ようや》く発達の緒についた。（その後の）藩政時代を通じて聞《きこ》えてをつた紙、綿、絹、石の類は、勝家が安土《あづち》の信長へ進献して頗《すこぶ》る面目を施した方物であった」

信長が本能寺《ほんのうじ》で討たれてから間のない天正十年（一五八二）六月末、尾張の清須《きよす》城に集まった織田家の宿老四人――柴田勝家、羽柴《はしば》秀吉、丹羽《にわ》長秀《ながひで》、池田《いけだ》恒興《つねおき》は、信長の妹で「戦国一の名花」と定評のあったお市《いち》の方（浅井《あざい》長政《ながまさ》の元正室）を柴田勝家に再嫁《さいか》させることに決定した。

「戦国一の名花」と「瓶割り柴田」の組み合わせというと〝美女と野獣〟のようだが、勝家にはすでに見たような政治的手腕もあったため、お市の方の夫となるのにふさわしい人物とみなされていた、というのが事の真相なのではあるまいか。

それにしても勝家がもっと長生きしていれば、国造りの名人として歴史に名を刻んだかも知れない。だが事実は、天正十一年（一五八三）四月に起こった近江賤《しず》ヶ岳《たけ》の戦いにおいて秀吉軍に敗れ去り、北ノ庄城へもどってお市の方とともに自刃して果てたため、敗将として名を残すだけになってしまったのであった。

大友《おおとも》家の名臣・立花道雪《たちばなどうせつ》

十月二十三日から二泊三日で北九州へ取材旅行をしてきた。初日に登ったのは、福《ふく》岡《おか》市東《ひがし》区にあって西に博多《はかた》湾を一望することのできる立花山城《たちばなやま》（標高三六八メートル）。その名からうかがえるように、戦国時代に山城《やまじろ》の築かれていた山である。

そこで今回は、元亀《げんき》二年（一五七一）以降、戦国大名大友宗麟《おおともそうりん》からこの城の守将に指名されていた戸次鑑連《べっきあきつら》、のちに立花道雪と称した名臣の生き方を紹介しよう。

道雪は永正《えいしょう》十年（一五一三）に生まれ、幼名を八幡丸《はちまんまる》といった。まだ十四歳のとき、ある城に籠《こも》った五千人にわずか三千の兵力を率いて立ちむかい、これを投降させたのが初陣《ういじん》であり、

「是《これ》より大小の戦功挙《あげ》て数ふべからず」

と岡谷繁実《おかのやしげざね》『名将言行録』にある。

しかし、道雪は五体健全な武将ではなかった。まだ若かりし日のある夏、大木の下に入って炎暑を避けているうちに落雷があり、その雷に打たれて歩行がままならぬよ

うになってしまったのだ。

そこで道雪は出陣する際には駕籠《かご》に乗り、その駕籠に二尺七寸の長刀と鉄砲一挺を入れておいて、手には腕貫《うでぬき》をつけた三尺ほどの棒を提げることにした。左右には長刀を佩《お》びた若武者百余名を引きつれて、いざいくさが始まると棒で駕籠の内壁を叩《たた》いて、

「この駕籠を敵のまんなかにかき入れよ」

と命じる。それでも動きが遅いときにはその棒で駕籠の前後を打ち叩くので、若武者たちはこの棒の合図を受けることを逃亡することより恥ずかしく思い、面《おもて》も振らずに長刀を抜きつらねて敵中に一文字に斬りこむのを常とした。

それでも先陣が崩れ立ってしまうことがある。すると道雪は、大音声《だいおんじょう》を張りあげた。

「われを敵中へかき入れよ。命惜しくば、そのあと逃げよ」

この命令に兵たちは発奮し、盛り返してかならず勝ちを制したのである。

道雪が百戦百勝の名将たり得たのは、君臣一体の家臣団をよく育てあげていたためにほかならない。いつもいうのは、

「士に弱き者はなきものなり、若《も》し弱き者あらば、其人《そのひと》の悪《あ》しきにあらで、其大将の励《はげま》さゞるの罪なり」（『名将言行録』）

ということで、たまたままだ武功のない家臣の姿を見るとこう語りかけた。

「明き塞《ふさ》がりのあるは、武功のことよ、（その方が）弱からざるは、我見定めたり、明日にも軍《いくさ》に出でんに、人にそゝのかされ、必ず抜掛《ぬけがけ》して、討死し給ふな、夫《それ》は不忠なり、（略）各々打連《おのおのうちつ》れたればこそ、斯《か》く年老《おい》たる身の、敵の真中に在《あ》りてひるみたる色を見せざるぞ」（同）

いつも家臣たちとねんごろに語りあっては酒を酌《く》み交わし、武具を与えるので、家臣たちは、つぎのいくさには人に遅れを取ってはならぬ、と感じて勇み立つのであった。

一方、このような気配りは人の使い方のうまさとなってあらわれた。たとえば道雪は、少しでも武者振りのよい士がいるとすぐに呼び出し、歴戦のつわものに引きあわせて、

「頼む、よく引きまわしてやってくれ」

と依頼する。

来客があった際に粗忽《そこつ》のふるまいがあった若者は、その客の前に招いてこう紹介し

た。

「わが士は不束者《ふつつかもの》であっても、いくさに臨んでは火花を散らして戦う者ばかり。特にこの者は、槍の達人でござってな」

道雪みずからが槍をしごく真似《まね》をして語るので、ほめられた者は涙を流し、この人のために命を捨てよう、と思いきった。

それでは、道雪は不義密通に及んだ男女についてはどう考えるのか。ふとそう思ったある者が、東国のある武将が密通した側室を手討ちにしたという話をして反応をうかがうと、道雪は笑って答えた。

「若い者が色に迷ったからといって、罰する必要はない。人の上にあって仮初《かりそめ》のことで人を殺せば、人に背かれる原因となる。しかも色に迷ったのは、国の大法を犯したこととはまったく異なる」

織田信長《おだのぶなが》などとは相反する器量人だったからこそ、道雪は長く大友家を支えることができたのだ。

そのあるじ大友宗麟も、道雪のような名臣を持つがゆえに一時は豊前《ぶぜん》・豊後《ぶんご》・筑《ちく》前《ぜん》・筑後《ちくご》ほかの六ヵ国を平定することに成功。豊後の神宮寺《じんぐうじ》浦《うら》（今日の大分《おおいた》港）は、明《みん》国やポルトガルの商船でにぎわうまでになった。

しかし、永禄《えいろく》年間（一五五八―七〇）になると宗麟はいくさと政治に飽《あ》き、酒と女色に溺《おぼ》れはじめる。重臣たちに面会することもなく女たちのいる奥殿に籠りきっているその態度を憂えた道雪は、一計を案じた。

道雪はもともと、月見、花見、酒宴、乱舞などは大嫌いであった。というのに、あるときから踊り子をたくさん集めて、日夜踊らせてはこれを見物しつづけたのだ。

その騒ぎを聞きつけて不思議に思った宗麟は、

「見物すべし」

といって久しぶりに奥殿から姿をあらわした。道雪は大いに喜んで「三拍子《さんびようし》」という名の踊りを踊り子たちに三度まで踊らせ、宗麟の機嫌がよいのを見定めて申し入れた。

「さて恐れ多きことなれど、御好色のことは思い止まって下さりませ。先代義鑑《よしあき》公の時代には御領内にさえ狼藉者《ろうぜきもの》がおりましたのに、お屋形《やかた》さま（宗麟）がお若くして家督を相続なされ、問題なく領国を治めることができましたのは、ひとえに政道正しく、御威光がよくゆき届いていたからでござる。と申すに近頃は万端をなげうち、女たちのみを相手にして重臣たちのことばに耳を貸そうともなさりませぬ。特に近年は芸州《げいしゅう》の毛利元就《もうりもとなり》が大友家を恨《うら》み、種々武略を巡らして隙《すき》をうかがっているのですぞ。ただいまのごとくにては、いずれ御家中《ごかちゅう》からも離反する者が生まれ、兵乱がはじまりましょう。かくなっては御家滅亡と存じ、この道雪、日夜涙の乾く間もなく口惜しく候。国のため御身のため、御子孫のため家臣のため、よくよく考え直して下さりませぬか」

主君に諫言《かんげん》するという行為は、忠義心のもっともよくあらわれた姿だとされていた。しかし、痛いところを突かれて激怒してしまう戦国大名は珍しいことではなく、そのような場合、諫言をこころみた家臣は手討ちにされる危険がある。もし宗麟が逆上して太刀を抜いたなら、歩行不可能な道雪は攻めを躱《かわ》すこともできなかった。

だから道雪は死を覚悟して諫言したものと思われるが、さすが宗麟も鎌倉幕府初代将軍　源　頼朝《みなもとのよりとも》の庶子大友能直《よしなお》を祖とする名族の末裔《まつえい》である。道雪の肺腑《はいふ》の言に胸を打たれ、翌日に諸臣が登城するときちんと対面する分別を見せたので、国中の者たちが道雪が諫言に及んだことを喜びあったといわれている。

この道雪は、反大友勢力を結集しようとしていた筑前の古処山《こしょさん》城主秋月種実《あきづきたねざね》がひそかに博多へ歌舞伎《かぶき》見物にやってきたとき、

「それがしにお命じあれば、打ち取り申すべし」

と、ある家臣からいわれたことがある。

道雪は、怒って答えた。

「汚いことを申すな。秋月ほどの者が、だまし討ちになど遭《あ》うものか。勝負は合戦場でいたす」

道雪はこのように公明正大な男だったので、武田《たけだ》信玄《しんげん》もはるか甲州《こうしゅう》から書を送って対面を望んだほど。この人が関八州《かんはっしゅう》のいずれかに生まれていたら、関東の戦国時代はかなり色あいの違うものになっていたことだろう。

高橋紹運《たかはしじょううん》、岩屋《いわや》城に死す

九州の戦国大名大友宗麟《おおともそうりん》につかえ、美名を残した武将をもう一人。その名は、高橋紹運。

紹運は大友家の重臣吉弘鑑理《よしひろあきただ》の子として生まれ、最初は吉弘孫七郎鎮種《まごしちろうしげたね》と称した。それが若くして「度量寛大にして、高義真実の士」と評判になり、名門高橋家を相続（岡谷繁実《おかのやしげざね》『名将言行録』）。入道して高橋紹運と号し、筑前《ちくぜん》の太宰府《だざいふ》にほど近い宝満《ほうまん》城と岩屋城の城督（城主）に指名されたのだ。

紹運の「度量寛大」にして高潔な気性を示したのは、斎藤鎮実《さいとうしげざね》の妹と婚を約した後のこと。この女性は疱瘡《ほうそう》（天然痘《てんねんとう》）を病み、にわかにあばた面の醜貌《しゅうぼう》になってしまった。

斎藤鎮実がこれでは申し訳ないと考えて婚約解消を申し入れると、紹運はきっぱりと答えた。

「吾《われ》が彼（鎮実の妹）を娶《めと》らんと欲せしは、彼が資性美なるに在《あ》りて、彼が顔色の美なるにあらず、今吾《わ》が意の無き顔色は変ぜしも、吾が意の在る所の資性は変ぜざるべし、既に成約す、豈《あ》に其《そ》れ約を背かんや」（「高橋紹運／岩屋城史談」、『筑前史料叢書』下巻所収、濁点筆者）

こうして紹運の正室に迎えられた女性はのちに出家して宗雲尼《そううんに》となるのだが、「果して貞節淑徳《ていせつしゆくとく》ありて、内助の功最も多し」（同）と高く評価された。自分の心を磨くことなく美容整形などしている現代女性には、ちょっと聞かせてやりたい話ではないか。

紹運はこういう人柄だから、人を使うのも上手だった。

戦国武将にとって勝敗は時の運であり、一敗したからといって意気消沈しているようではやってゆけない。

ところがある夜戦の際、紹運は大敗を喫し、味方は将士四十七人と雑兵《ぞうひょう》百九人しかいなくなってしまった。夜食の握り飯を食べられたのは八人のみで、ほかは喉《のど》を通らないほど衝撃を受けていた。

それを見て、紹運はいった。

「数千の味方、或《あるい》は手負ひ、或は打死、纔《わずか》に相残りしは上下に寄らず、一人当千のものどもなり。人が死するより大なることなし。男たるものが死《しに》たるとも、食せずば何を力にして死すべきぞ。是《これ》見られよ」（『名将言行録』）
　そして紹運が大きな握り飯を四つも五つも食べてみせたところ、家臣たちも一斉に持参の握り飯を食べることができたとか。その後このいくさがどう進展したのか記述されていないのは惜しまれるが、人が死ぬのは大事業なのだから食事はしっかり摂《と》っておけ、という論理はまことに興味深い。
　また、いくさとはいつも関ヶ原《せきはら》の合戦のように半日でケリがつくものではなく、何日にもわたって激突するのが一般的である。だから紹運は、ともかく緒戦に勝利することに全力を注いだ。
「凡《およ》そ戦《いくさ》の習ひ、初め勝軍《かちいくさ》なれば、士卒の心又勝《かち》に乗る、初めの軍に後《おく》れを取れば、後の戦六ケ敷《むつかしく》、仮りにも敵に小城《こじろ》の一つも取られては、仮令《たとい》其《その》城を取返すことありとも、年月を経て漸《よう》やくにして得るぞかし」（同）
　という理由からである。紹運はよく人の心を読むことができるという点で、なかなかのリーダーシップの持ち主であった。
　対して大友宗麟とそのせがれ義統《よしむね》に、一時は九州六ヵ国に及んだ領土を守りきるだけの才覚はなかった。天正《てんしょう》六年（一五七八）八月、よせばいいのに日向《ひゅうが》進攻をこころみた宗麟は、十一月には北上してきた薩摩《さつま》の島津義久《しまづよしひさ》に撃破されて兵力三千五百を一気に喪失。反大友勢力も各地に蜂起《ほうき》したため、大友家はかろうじて筑前・豊後《ぶんご》の二ヵ国を保つだけの弱小大名に転落してしまう。

天正十四年七月二十六日には島津義久勢数万騎が紹運の籠《こも》る岩屋城をひしひしと押しつつみ、侍大将新納忠元《にいろただもと》を介して降伏を呼びかけた。

「紹運の武勇世に名高しといへども、をしむらくは大友家にくみせられ、ほろびうせられん事ちかきにあり。それ大友家は無道にして切支丹《キリシタン》を尊び、政教衰廃してまた家の興《おこ》るべき期候はず。古詞に一張一弛と申《もうす》ことの候ものを。あはれとく（さあ、早く）義久（と）和平せられ候へ」（『日新館童子訓』、句読点筆者）

岩屋城の守兵は、わずか千八百。なおも抵抗すれば全滅は避けがたい事態であったが、紹運は狼狽《ろうばい》などしなかった。

麻生外記《あそうげき》と名乗って高みに姿をあらわした紹運は、高い声で新納忠元に告げた。

「只今承《うけたまわり》候旨、紹運に申《もうす》ほどの事にても候はず。いささか義のあたれる所を申《もうす》べし、人々よく聞《きか》れ候へ。総て盛衰消長は時の運にて、古《いにしえ》の細川《ほそかわ》・畠山《はたけやま》・赤松《あかまつ》・山名《やまな》を始《はじめ》として、今川《いまがわ》・武田《たけだ》、近国にて尼子《あまこ》・大内《おおうち》等一《ひと》たびは盛《さかん》に、一たびは衰《おとろえ》ずといふこと候はず。紹運、今のかぎりになりても、よも冑《かぶと》をぬぎて降《こう》を乞《こい》候はむや。大友の家も右大将頼朝卿《よりともきょう》の時よりして子孫国をうけ伝へぬれど、日向《ひゅうが》の軍やぶれしこのかた二心あるもの多く出来《いでき》ていまかく衰《おとろえ》たり。されど今にも秀吉《ひでよし》公、大軍を以て九州にわたらせ給ひ、薩摩にせめいられんに、鹿子(児)島の破れん事もまた遠からじ。勢《いきおい》つき、運衰《おとろえ》ぬるを見て志をかふるは弓矢とる身の恥辱《ちじょく》にて、人につまはじきせらるべし。松寿《しょうじゅ》千年、終《つい》にはく(朽)つる事ぞかし。人生は朝露の日影をまつがごとし。たゞ永く世に残らん者は義名にありと覚え候程に、降参は仕《つかまつ》らじ」(同)

人生とは朝露が日の光を浴びて消えてゆくようなものだ、とは一種の達観といってよい。

新納忠元は、このようなことをいうのは紹運本人に違いない、と感じたが、こうなっては突入戦は避けがたい。七月二十七日の卯《う》の刻(午前六時)から午《うま》の下刻(午後一時)までつづいたこのいくさにおける紹運の最期の姿は、つぎのようであった。

「敵兵大半討《うた》れ、辟易《へきえき》して退きしが、又もや二百人計《ばか》り切り入るにより、味方は最後の死物狂のことなれば、敵兵残り少《すくな》に討《うた》れて退き、半時(一時間)計《ばか》りの間切入るものもなかりしかば、紹運は今は是迄《これまで》なりとて、徐々《しずしず》として本城詰《つめ》の丸(本丸)に還《か》へり、傍《そば》にありし麾下《きか》の十余人を共に、自ら一首の辞世を遺し、心静けく切腹す」(「高橋紹運／岩屋城史談」）

紹運の辞世は、つぎのようなものだったといわれている。

かばねをば岩屋の苔《こけ》に埋《うず》めてぞ雲井の空に名をや留めん

しかし、右の史料はこの作を守将のひとりだった三原紹心《みはらじようしん》の辞世とし、紹運のそれは左のようなものだったとしている。

流れての末の世遠く埋《うずも》れぬ名をや岩屋の苔の下水

紹運は行年三十九歳だったが、特筆すべきは籠城の名のある将士七百六十三人がひとりとして逃走することなく討死し、しかも島津側にその七倍近い死傷者を出させたことにある。島津家将士の死者は二十七人、兵卒の死傷者は五千三百余人。紹運の指導よろしきを得て、高橋勢は最後まで敵に背を見せようとはしなかったのだ。

なお、本稿に引いた『日新館童子訓』とは、会津藩校日新館で使用されていた道徳の教科書のこと。この書物によって紹運の心を学んでいたからこそ、白虎隊《びやつこ》の少年十九十も慶応《けいおう》四年（一八六八）八月二十三日に鶴ヶ城が燃えていると見るや、最後の選択をためらわなかったのだ。

私がこの十月二十五日に登った岩屋城の本丸跡には、「嗚呼《ああ》壮烈／岩屋城址」と刻まれた巨大な石碑《せきひ》が建っていた。

出藍《しゅつらん》の誉《ほま》れ・立花宗茂《たちばなむねしげ》

出藍の誉れという表現は、
「青は藍《あい》より出でて藍より青し」（荀子《じゅんし》）
という成句を縮めたもので、弟子が師よりすぐれた人物に成長することのたとえである。

立花宗茂とは、前で紹介した大友《おおとも》家の武将高橋紹運《たかはしじょううん》とその正室宗雲尼《そううんに》（俗名不詳、斎藤鎮実《しげざね》の妹）の間に生まれ、立花道雪《どうせつ》に乞《こ》われてその養子となった人物。だから厳密にいえば、宗茂にとって紹運と道雪は父であって師ではない。

しかし、戦国乱世、特に武門の家においては、当主がすぐれた世子《せいし》（跡継ぎ）を育てられなければ、その家系は滅びざるを得ない。いわば父は師として世子を文武両道の士に育てようと願って止まない立場に置かれており、その期待に充分に応えてみせた日本史上珍しい存在が立花宗茂であった。

宗茂は永禄《えいろく》十二年（一五六九）八月、これも前回に名前の出た岩屋《いわや》城に生まれ、幼名を千鶴丸《せんつるまる》と名づけられた。生まれつき強健で乳の吸い方も素晴しく、四、五歳のころにはすでに七、八歳の子供より賢く、大人のようなしゃべり方をするのでまわりの者たちが驚いた（「立斎旧聞記」、『続々群書類従』第三巻）。

体格もよくて六、七歳のころから相撲《すもう》を好み、十歳の子を投げ捨てることができたともいう（同）。この宗茂が将たる器の持ち主であることを次第にあきらかにしたのは、天正《てんしょう》四年（一五七六）に八歳になってからのこと。岩屋城に近い繁華の地といえば太宰府天満宮《だざいふてんまんぐう》だから、おそらくここへ祭見物に出かけたときのこと。その目の前で刃傷沙汰《にんじょうざた》の起こったことが、そのきっかけとなった。

その場に居合わせた男女は恐怖して四方へ逃げ散り、宗茂の従者たちもかれをつれて立ち去ろうとした。すると宗茂は、恐れる気配もなく問い返した。

「今日ノ見物ハ是《これ》ニテ事終ルヤ」（同）

宗茂は、血を見て愕然《がくぜん》としたりはしなかった。従者がこのような刃傷沙汰が起こることを知っていて自分に見物させようとしたものと思っていた上、一回刃傷沙汰を見ただけでは物足りなく感じるほど肚《はら》が据《す》わっていたのだ。

「幼い方は、かようなところにはいらっしゃらぬものです」（同、意訳）

と従者がいうと、宗茂は笑って答えた。

「お前たちが慌《あわ》てたることのおかしさよ。おれは刃傷を起こした者の相手ではないから、仇《あだ》されたりはいたさぬ。いかに恐しきことが起こったとて、それを見物せずに立ちのけるものか」

私は小学生のころ竹藪《たけやぶ》で竹を切るうち、その竹の切口に指をぶつけてしまい、骨まで見える傷を負ったことがある。家に飛んで帰った私はその出血の多さに貧血を起こしたものであったが、こういうことでは武将にはなれないわけですね。

さて宗茂十歳のときには、父高橋紹運が萩尾《はぎお》という姓の者に命じ、死罪に相当する罪を犯した者を討たせた。萩尾は相手を、背後から一刀のもとに斬り倒した。

そうと知った同僚たちは、萩尾を非難して止まなかった。

「うしろから斬るのは容易なことだ。さしたる手柄ではなかろうが」

それを聞いて、宗茂は批評した。

「前からかうしろからかはともかく、相手を逃すことなく討ち留めたことこそが手柄なのだ。あえて討ちにくい場面で討とうとして仕損じるような者は、おれが大将になったころには軍利の障りになろう」

これを聞いた家臣たちは、ひとしく顔を赤らめたという。

筑前《ちくぜん》の立花山《たちばなやま》城主立花道雪とおなじく宝満《ほうまん》・岩屋の両城を預かる高橋紹運とは、肝《かん》胆《たん》相照らす仲であった。だから宗茂も、立花山城へ遊びにゆくことがあった。

その宗茂が十一歳のときのこと。立花山城をまた訪れると、道雪は歓待してから剛勇の士を招き、弓を射させてから戯《たわむ》れて宗茂にいった。

「そなたはまだ幼いから、ああはできまい」（岡谷繁実《おかのやしげざね》『名将言行録』より意訳）

それを聞いた宗茂がかたわらの弓をつかんだのは、いや、できます、といいたかったからである。

しかしその弓は、怪力の宗茂には弱弓過《じやっきゆう》ぎた。そこでかれは道雪に強弓《ごうきゆう》を所望。楽々とその弓を引き絞って射たところ、四度こころみて三度まで的に命中させることができた。宗茂は幼くして、弓術の達者になっていたのだ。

十二歳のときには、鷹狩《たかがり》の途中で狂犬に吠《ほ》えかかられたものの、その狂犬を飛び違いながら峰打《みねう》ちによって撃退するというみごとなふるまいを見せた。

「なぜ斬らなかった」

と紹運がたずねると、宗茂は笑って答えた。

「太刀や刀は、敵を斬るためのもの。犬猫などを斬るためのものとは承っておりません」（「立斎旧聞記」）

武士の魂《たましい》である刀で犬を斬っては刃が汚れる、という感覚を宗茂は自然に身につけていた。これを聞いた紹運は、涙を浮かべて喜んだという。

宗茂の思慮深さは、十三歳にして紹運から出陣を打診されたときの対応にもよくあらわれていた。かれは、こう答えた。

「仰《おお》せられずともお供つかまつりたいところですが、私はまだからだができておりませんので、無意味に死んでしまうかも知れません。あと一、二年もたてば、一軍の将として出動いたしましょう」(同)

子のなかった道雪は、宗茂を大いに気に入って紹運から養子にもらい受けたくて仕方なくなった。その思いが決定的になったのは、また宗茂が立花山城へ遊びにきたときのこと。道雪は不意にふたりの目の前に死罪に相当する罪を犯した者を引き出させ、家臣に命じてその首を打たせた。

そして、道雪はやおら宗茂の胸に手を差し入れてみたが、宗茂の心臓は少しも動悸《どうき》していなかった。ここでも宗茂は不動心の持ち主であることをあきらかにしたわけで、これによって道雪はその豪傑ぶりを確認し、ついに紹運から養子にもらい受けることに成功した。

道雪と紹運がすでに死亡していた天正十五年（一五八七）、豊臣秀吉《とよとみひでよし》が薩摩《さつま》島津《しまづ》家を追討すべく九州に渡海してくると、その先陣を担った立花宗茂は連戦連勝。いくさ巧者の秀吉をして、

「立花は九州第一の者ぞ」

といわしめた。島津義久《よしひさ》が秀吉の軍門に降《くだ》り、秀吉が天下統一に成功したのは、本稿で眺めてきたように幼い日から抜群の器量を垣間《かいま》見せていた宗茂に負うところが多いのである。

その武功によって筑後《ちくご》四郡十三万石あまりを受け、柳河《やながわ》城主となった宗茂は、本多《ほんだ》平八郎忠勝《へいはちろうただかつ》とともに、

「東西無双の者」

と呼ばれたこともあった。徳川家康《とくがわいえやす》の家臣本多忠勝は、生涯無敗の英雄として知られる。

だが宗茂は、関《せき》ヶ原《はら》の合戦にあっては西軍についたために封土を没収され、ついで奥州棚倉《おうしゅうたなぐら》一万石に封じられた。しかし、その間に柳河藩主となった田中吉政《たなかよしまさ》家が二代目忠政《ただまさ》の代に断絶すると、宗茂を高く評価していた徳川二代将軍秀忠《ひでただ》はかれを柳河十万九千六百石に復帰させた。

いわゆる「関ヶ原牢人」のひとりでありながら、十万石以上の大大名として復帰した例はほかにない。こうして柳河藩立花家は、明治の廃藩までつづいてゆくことになる。

大友家の二名臣——高橋紹運と立花道雪に育てられた宗茂は、大友家の滅亡後に大輪の花を咲かせるという珍しい人生を送ったのであった。

浅井《あざい》長政《ながまさ》・痛恨の大錯覚

江北《ごうほく》と呼ばれる北近江《きたおうみ》の三郡を支配した戦国大名は、小谷《おだに》城主浅井家である。「浅井」はアサイではなく、アザイと読む。

浅井家は亮政《すけまさ》―久政《ひさまさ》―長政《ながまさ》とつづき、長政は尾張《おわり》・美濃《みの》二ヵ国の支配者織田信長《おだのぶなが》と同盟。永禄《えいろく》十年（一五六七）末ごろ、戦国一の美女と定説のあったその妹市《いち》姫を正室に迎えた。お市の方、ないし小谷の方と呼ばれることになったこの女性が、お茶々《ちゃちゃ》（のちの淀《よど》殿）やお江与《えよ》（お江《ごう》とも。徳川秀忠《ひでただ》正室）を産んだことについては、別稿「お江与の方という女」をも参照されたい。

元亀《げんき》元年（一五七〇）一月、信長は室町《むろまち》幕府最後の将軍足利義昭《あしかがよしあき》から天下のことはすべて一任するとの約束を取りつけ、越前《えちぜん》の戦国大名朝倉義景《あさくらよしかげ》に上京を命じた。しかし、義景はこの命令を無視。怒った信長は義景討伐を決意し、四月二十日、兵力三万を率いて京から越前をめざした。

そして二十六日までの間に、敦賀《つるが》に近い手筒《てづつ》山、金《かね》ヶ崎《さき》城、疋田《ひきだ》城と朝倉方の持ち城三つを落とすことに成功する。ところが二十七日、信長の陣営には浅井家の使者河毛《げ》三河守《みかわのかみ》と熊谷忠兵衛《くまがいちゅうべえ》がやってきて、当家はこれより敵にまわる、と告げて去った。

これはどういうことかというと、浅井家当主長政はお市の方を娶《めと》ったこともあり、信長にはなんの遺恨《いこん》もなかった。だが、まだ存命だったその父久政は朝倉家に好意を寄せており、その分だけ信長を醒《さ》めた目で眺めていたようだ。

それにしても織田軍としては、北の朝倉軍と戦ううちに南から浅井軍があらわれ、挟撃されては全軍の命運にかかわる。そこで信長は木下藤吉郎《きのしたとうきちろう》（秀吉《ひでよし》）の兵力二千のみを金ヶ崎に残し、若狭《わかさ》街道へ逃れることにした。世にいう「金ヶ崎の退《の》き口《ぐち》」とは、この出来事を指している。

四月三十日にようやく京へもどった信長が、浅井・朝倉連合軍への復讐戦を夢見はじめたのはいうまでもない。六月十九日、兵力三万を率いて北近江をめざした信長は、まず小谷城（標高四九五メートル）を北に見る雲雀山《ひばり》（一四五メートル）と虎御前《とらごぜ》山（二二四メートル）に付城《つけじろ》を築かせた。

浅井家の兵力は約八千だから、三万の大軍に攻めこまれては勝ち目はない。そこで浅井家が朝倉義景に援軍派遣を乞《こ》うと、義景は一万の兵力を送ってきた。対して信長には徳川家康が応援に駆けつけたから、二十八日に琵琶湖《びわこ》東岸の姉川《あねがわ》を挟んではじまった会戦は、織田・徳川連合軍対浅井・朝倉連合軍という形を取った。いわゆる「姉川の戦い」である。

その戦死者数は、織田・徳川連合軍の八百余に対し、浅井・朝倉連合軍は千七百余（参謀本部編『日本戦史　姉川役』）。この数字の示すように姉川の戦いは一日にして織田・徳川連合軍の勝ちと決まり、朝倉軍の生き残りは越前へ、浅井軍のそれは小谷城に逃げもどった。

以後信長は小谷城を厳重に包囲し、同城への突入のチャンスをうかがった。すると二年後の元亀三年（一五七二）七月、ふたたび朝倉義景が小谷城へ一万五千の援軍を送ってきた。しかし、浅井・朝倉の将兵からは織田家へ寝返る者が続出。越前へ引き返した朝倉軍は、追撃した織田軍に三千八百余の首を打たれるという大惨敗を喫した。

こうして朝倉家は再起不能の状態に陥り、義景自身も天正《てんしょう》元年（一五七三）八月二十日に自刃して果てた。ここに越前朝倉家は滅び、信長の残敵は浅井久政・長政父子のみとなったのだ。

ここからの信長の動きは、まことに迅速であった。二十六日に越前から虎御前山に兵を返した信長は、その夜から小谷城への突入戦を計画。先鋒の将には、木下藤吉郎あらため羽柴《はしば》秀吉を指名した。

小谷城は、小谷山の稜線上に曲輪《くるわ》を段々畑のように並べた連郭《れんかく》式の山城である。長政・お市の方夫妻のいるのは本丸、久政のいるのはその本丸とは中ノ丸を隔てた高地上にある京極丸《きょうごくまる》と調べをつけた秀吉は、まず中ノ丸へ兵力の一部を突入させて、本丸と京極丸を分断してしまうことにした。

『武功夜話』によるとこの策を考えたのは秀吉の軍師竹中半兵衛《たけなかはんべえ》であり、

「力攻めにして落城させては、お市の方さま母娘《おやこ》のお命は助け難い。親子の情は一世、夫婦の契《ちぎ》りは二世に及ぶと申します。まずは京極丸から落としましょう」（大意）

と提案したのだという。

秀吉勢は二十六日の夜陰《やいん》に乗じて作戦通り中ノ丸を占領。ついで守兵が一千五百はいると思われた京極丸をめざすと、その守兵の多くはわらわらと逃げてしまって残ったのはわずか二十余人だけであった。二十八日に浅井久政は切腹し、残るのは本丸のみとなった。

信長が長政との交渉役に指名したのは不破光治《ふわみつはる》だったとして、『真書太閤記《たいこうき》』はその交渉の様子を詳しく描き出している。同書によると長政はお市の方と娘三人を信長のもとへ送ることにはすんなりと同意したものの、降伏開城については、今さら生きながらえては人に合わせる顔がない、としてためらう気配が濃厚だった。

だが、さらに交渉を進めるうちに、

「父子共に助命あるにおいては出城すべし」

と言い出した。なんと長政は、すでに父久政が切腹し、京極丸は落ちたことを知らなかったのだ。


その理由としては京極丸が深い堀に囲まれている上に、本丸との間に中ノ丸がひろがっていたことがあげられる。しかし本丸には「今猶《いまなお》四、五百人」の兵力がいたのだから（『真書太閤記』）、ちょっと物見の者を出せばこんな錯覚は起こりようがなかった。

このことを報じられた信長は、不破光治に素知《そし》らぬ顔で交渉をつづけさせた結果、一族郎党の命は保障する、という条件をつけて長政に降伏開城を決意させることに成功。九月一日、長政は百人あまりの騎馬武者を従え、信長の本陣へ出向くべく本丸の城門を出た。

そこへ走ってきたのは、久政づきだった侍のひとり。その侍が、

「大殿（久政）には二十八日の暮ほどに御自害あり」（同）

と報じたため、初めて長政は事実を知った。

これをなんとも迂闊《うかつ》なことと感じるか、信長はずるい奴だ、と感じるかはみなさんの自由だ。しかし、『真書太閤記』の記述が真実を反映しているのであれば、長政は父の死に気づくことなくその助命を条件として降伏開城の交渉に臨んだことになる。

このような大錯覚は前代未聞のことだが、ここまで情報をキャッチするアンテナを錆《さ》びつかせていたのであれば、この九月一日をもって浅井家が滅びの運命をたどったのも止《や》むを得ないところであった、というしかあるまい。

では、父久政の死を知った長政がどうしたかといえば、「安々《やすやす》と偽られしことの口惜しさよとて大《おお》いに怒り罵《ののし》り」(同)、家老赤尾美作守《あかおみまさかのかみ》の屋敷に駆けこんだ。そして、騎馬武者百余騎が信長の兵力と戦って時間を稼ぐ間に切腹して果てた。享年二十九の若さであった。

その後、浅井家の旧領北近江三郡は秀吉に与えられ、秀吉は城地を不便な小谷城から琵琶湖東岸の今浜《いまはま》に移して長浜《ながはま》城を建設する。今浜という地名を長浜と改めたのは、信長の「長」の字をもらったのだ。

朝倉家滅亡の後を受けて越前に封じられ、北《きた》ノ庄《しょう》城を造営した柴田《しばた》勝家《かついえ》とこの秀吉とが、信長の死後、賤《しず》ヶ岳《たけ》の戦いにおいて明暗を分けたことは周知の事実であろう。

似た者同士・源《みなもとのよりいえ》 頼家と武田《たけだ》勝頼《かつより》

「悪いところはよく似る」

とよくいわれるが、私は源頼家と武田勝頼の愚かしさを考えると、ついこの文句を思い出してしまう。

片や鎌倉《かまくら》二代将軍、片や戦国末期の甲州《こうしゅう》武田家の当主と生きた時代に違いはあるものの、この両者には表面的に見てもつぎのような共通点がある。

① 頼家は清和《せいわ》源氏の棟梁《とうりょう》であり、勝頼はやはり清和源氏の流れをくむ甲斐源氏の棟梁だったこと。

② そろって諱《いみな》に「頼」の字を用いていること。この字は大江山《おおえやま》の酒呑童子《しゅてんどうじ》を退治したといわれる、源頼光《らいこう》にもとづくのであろう。

③ ともに人の選り《え》好みが激しく、甘言を弄《ろう》する者を気に入って忠臣を遠ざけてしまったこと。

鎌倉幕府ないし甲州武田家のトップとして、問題だったのはいうまでもなく③である。

それでは、まず源頼家の愚行の数々から眺めてゆこう。

建久《けんきゅう》十年（一一九九）一月に源頼朝が死亡したのを受けて将軍職についた頼家は、わずか十八歳。心もとなく思ったその母北条政子《ほうじょうまさこ》は、父北条時政《ときまさ》、弟義時《よしとき》、比企能員《ひきよしかず》ら重臣たちの合議制によって政事《まつりごと》をおこなうよう命じた。

それが面白くなかった頼家は、気に入りの近習《きんじゅ》五人の名を挙げ、この五人がどんな狼藉《ろうぜき》を働いても敵対してはならぬ、五人以外は自分の面前にまかり出てはならぬ、と布令したので、

「是《これ》を聞く人老《おい》たるも若《わかき》も舌を鳴《なら》して誹《そし》り合ひけり」（『北条九代記』）

という事態が早くもここに現出したのだ。

ほかにも頼家は家臣安達景盛《あだちかげもり》の美貌の誉《ほま》れ高い側室をわがものとしたり、近習たちに僧侶十四人の袈裟《けさ》を剝《は》ぎ取って焼き捨てさせたりするなどの乱行をためらわなかった。

正治《しょうじ》二年（一二〇〇）五月、陸奥国《むつのくに》の僧ふたりが坊領の境界争いについて裁断を仰ぐべく鎌倉にやってきたときには、提出された坊領の絵図のほぼ中央に筆でさっと線

を引いて宣言した。

「地所のひろさ狭さは運次第だ。使者を出して実地に検分させる暇はないから、今後、境界争いはすべてこのように裁定する。いやなら訴え出るな」

まことに頼家は、暗愚《あんぐ》を絵に描いたような人物であった。政治感覚ゼロの頼家が熱中したのは蹴鞠《けまり》だけだったが、建仁《けんにん》三年（一二〇三）七月二十日のこと、不意に原因不明の病気となったかれは八月二十七日には危篤《きとく》となって遺言をしたためた。

――弟の実朝《さねとも》（十二歳）には、関西三十八ヵ国の地頭職をゆずる。わが長男一幡《いちまん》（六歳）には関東二十八ヵ国の地頭職と総守護職とをゆずる。

比企能員がこれを不満に思ったのは、一幡の母若狭《わかさ》の局《つぼね》がかれの娘だったためにほかならない。一幡が次期将軍になれば、頼家・実朝兄弟の外祖父北条時政に代わって自分が政治を牛耳《ぎゅうじ》れる。そう考えた比企能員は、ただでさえ判断力に欠ける頼家に、時政が一幡から家督《かとく》を奪おうとしていると吹きこみ、時政追討を決定させた。

しかし、この密謀は尼《あま》将軍と渾名《あだな》されている政子によって盗み聞きされていた。その注進を受けた時政は、その日のうちに能員を自邸に招待。有無をいわせず捕らえた上で首を掻《か》き切り、比企一族と一幡をも半日後には攻め滅ぼした。

哀れにも将軍職を剥奪《はくだつ》された頼家は出家させられて伊豆《いず》の修禅寺《しゅぜんじ》に流され、あくる元久元年《げんきゅう》（一二〇四）七月十八日に二十三歳の若さで死亡する。その死は自然死ではなく暗殺であり、以下のように記録された。

「実朝時政、計ひ申して、修禅寺に人を遣《つかわ》し、頼家卿《きょう》を浴室の内にして潜《ひそか》に刺殺《さしころ》し奉《たてまつ》る」（『北条九代記』）

「頸《くび》ニヲ（緒）ヲツケ、フグリヲ取《とり》ナドシテコロシテケリト聞《きこ》ヘキ」（慈円《じえん》『愚管抄《ぐかんしょう》』）

延暦寺《えんりやくじ》の僧だった慈円が「フグリヲ取ナド」する光景を目撃したはずはないが、むごい殺され方をしたのは事実のようだ。いずれにしても頼家は、愚行のツケをわが命によって贖《あがな》わねばならなかったわけである。

父武田信玄《しんげん》の死によって二十八歳の四郎勝頼がその家督を相続したのは、それから三百六十九年後の元亀《げんき》四年（一五七三）のこと。しばらく内政を重視した勝頼はあけて天正《てんしょう》二年（一五七四）から妙に強気になり、一月には織田信長《おだのぶなが》から美濃《みの》国の明智《あけち》城を奪取、六月には遠江《とおとうみ》を侵略して徳川《とくがわ》方の高天神《たかてんじん》城を攻略と、信玄以来の老臣たちのすすめる穏健策を採用することなく超強硬策ばかりを採りつづける。

「武田の家滅亡疑ひなし」（『甲陽軍鑑《こうようぐんかん》』）

と老臣たちが嘆《なげ》いたのは、勝頼が第二次大戦中の日本軍のように戦線を拡大しすぎたからである。

その結果、天正三年（一五七五）五月二十一日におこなわれた長篠《ながしの》の合戦が大惨敗におわったことはよく知られているが、信玄・勝頼の二代につかえた代表的な部将たちは、「武田二十四将」と呼ばれていた（そのうち、すでに九人が死亡）。残る十五人のうち原昌胤《はらまさたね》、真田信綱《さなだのぶつな》、土屋昌続《つちやまさつぐ》、三枝守友《さいぐさもりとも》、内藤昌豊《ないとうまさとよ》、山県昌景《やまがたまさかげ》、馬場信春《ばばのぶはる》と七人までが長篠で討死していることからも、これがいかに無謀きわまるいくさだったかわかるというものだ。

しかも勝頼は、長坂釣閑《ながさかちようかん》、跡部勝資《あとべかつすけ》の側近ふたりを重用しすぎた。このふたりは訴訟を裁くにも賄賂《わいろ》いかんで判定を変える不徳義漢であり、たとえば武田一族の穴山信君《あなやまのぶきみ》（入道して梅雪《ばいせつ》）がそのせがれ勝千代《かつちよ》と勝頼の娘との結婚を望んだときにもこれを妨害し、自分たちの息のかかった者を婿《むこ》入りさせて穴山を激怒させている。

このような人心離反は、有力者たちの織田・徳川家への相つぐ寝返りへと直結するものであった。

この時代にまだ「武士は二君に仕えず」というモラルはない。戦国の武士道は、主君と仰ぐには物足らない人物のもとから退去する行為を当然のこととしていた。しかも「甲軍」と総称された武田家諸将には、信玄の剛腕によって屈服させられ、婚姻《こんいん》関係を結ばざるを得なかった土豪たちが少なくなかった。一方、勝頼には信玄のような求心力、リーダーシップが欠けていたため、これらの土豪たちはみずからの意思によって武田家との主従関係を捨てたのである。

その結果、どうなったか。

木曾福島城主木曾義昌《きそふくしまよしまさ》が織田家に、穴山梅雪が徳川家に通じた天正十年（一五八二）一月から二月にかけて、勝頼はまだ兵を七、八千人は動員できた。だが、二月二十九日、その弟仁科五郎盛信《にしなごろうもりのぶ》の守っている信州高遠城《しんしゅうたかとお》が玉砕したと知るや兵力は一千人にまで激減。さすがの勝頼も愕然《がくぜん》とし、韮崎《にらさき》に造営中だった新府《しんぷ》城を焼いて都留《つる》郡に逃れようとしたときには、馬三百頭、人夫五百人を出せと命じてもだれも出てこなかった。

のみならず都留郡を支配していた重臣小山田信茂《おやまだのぶしげ》も裏切り、鉄砲を撃ちかけてきたからたまらない。やむなく都留郡の手前から田野《たの》の山奥に逃れても地侍《じざむらい》たちが発砲するので、総勢はまた減って百人ほどになっていた。

そこへ織田家の猛将滝川一益《たきがわかずます》の軍勢が肉薄したため、まず勝頼夫人が守り刀を口にふくんで自刃。侍女たちがその跡を慕い、つづいて勝頼が切腹した。享年三十七。

源頼家と武田勝頼は、側近政治が死を招くとは夢にも思わなかったに違いない。

真田《さなだ》昌幸《まさゆき》の生き残り策

一般に「真田三代」といえば、真田幸隆《ゆきたか》―昌幸―信之《のぶゆき》・幸村《ゆきむら》（信繁《のぶしげ》）兄弟とつづく家系を指す。

真田幸隆は武田《たけだ》信玄《しんげん》に仕えた謀将として知られ、特に信玄の信州《しんしゅう》進出のために働いた。北信地方の有力な戦国大名村上義清《むらかみよしきよ》と信玄が抗争をつづけていた天文《てんぶん》二十年（一五五一）五月二十六日、幸隆が信玄のついに落とせなかった村上家の持ち城戸石《といし》城（砥石城）をあっさり乗っ取った話は有名だ。

この幸隆は、四人の男の子に恵まれた。長男信綱《のぶつな》、次男昌輝《まさてる》、三男昌幸、四男信《のぶ》尹《ただ》。

この四人兄弟もそろって武田家に仕え、昌幸は信玄の意向によるのだろう、名門武《む》藤《とう》家を継いで武藤喜兵衛尉《きひょうえのじょう》と称した。しかし、信玄の死から二年後の天正《てんしょう》三年（一五七五）五月、織田信長《おだのぶなが》・徳川家康《とくがわいえやす》の連合軍が武田勝頼《かつより》率いる武田軍を撃破した長篠《ながしの》の戦いに信綱・昌輝は戦死。昌幸が武藤家から真田家にもどり、その家督《かとく》を相続した。

それから七年、天正十年三月に勝頼は織田・徳川連合軍に甲州《こうしゅう》へ攻めこまれて滅亡するのだが、昌幸は巧みに動いた。かれは三月十八日、信州高遠《たかとお》城までやってきていた信長のもとに出頭。織田家の家臣となることを許され、信州二郡（小県《ちいさがた》郡と佐久《さく》郡）および上州《じょうしゅう》沼田《ぬまた》領の支配を認められたのである。

弟の信尹は、積極的に武田家遺臣を採用した家康に拾われ、以後は徳川家の家臣として生きてゆく。

だが、その三ヵ月後にとんでもないことが起こった。信長が明智光秀《あけちみつひで》に急襲されて自刃、真田家の関係する地域は以下のように分割されることになったのだ。

上州厩橋《うまやばし》（前橋《まえばし》）城主は北条氏邦《ほうじょううじくに》（氏政《うじまさ》の弟）、信州川中島《かわなかじま》四郡は上杉景勝《うえすぎかげかつ》領、甲州は家康領。

所帯の小さな真田家としては、生き残るにはこの三者のいずれかに服従するしかなかった。そこで昌幸は初め北条家に臣従したが、上州沼田領をめぐって北条家と敵対したため、九月には家康の家臣筋となることを選択した。武田・織田・北条・徳川と、昌幸は一年のうちになんと四度も主家を替えたことになる。

のちに石田三成《いしだみつなり》は昌幸のこのような行動について、

「表裏比興《ひきょう》の者」

という厳しい評を下した。これは表裏ある卑怯者《ひきょうもの》ということだが、注意しておきたいのは、このころにはまだ、

「武士は二君に仕えず」

といった武家道徳は育っていなかったことだ。戦国の武将たちはおのれを高く評価してくれる者に仕え、主君を将たる器にあらずと感じたときにはためらいなく主家を替えた。武田勝頼が滅亡したのも家臣たちから愛想を尽かされたためだが、藤堂高虎《とうどうたかとら》に至っては家康に仕えるまでに六度も主君を替え、

「主家を七度替えねば真の武将にあらず」

と豪語したとか。これに較《くら》べると昌幸は小大名ゆえに寄るべき大樹を探し求めたわけで、これは戦前の日本がドイツ・イタリアに頼り、今はアメリカにすがっているのと似ていなくもない。

ただし、昌幸はまもなく家康とも不和になった。家康が沼田領を北条家にゆずれと命じてきたため、信州上田《うえだ》盆地に上田城を築きつつあった昌幸は、

「御味方申シ忠節ヲ致シテモ益無キ事也。中々沼田ヲ相渡ス事、思ヒモヨラズ」（『長《ちょう》国寺《こくじ》殿御事蹟稿』）

と家康に手切れを通告したのだ。

昌幸は戦国大名として自立する道を選んだわけだが、もちろん家康がそれを黙って許すはずがない。それは昌幸も先刻承知、越後《えちご》の上杉景勝を介して関白秀吉《ひでよし》に臣従を誓《ちか》い、兵力二千弱を率いて徳川軍七千あまりに立ちむかった。

天正十三年（一五八五）閏《うるう》八月二日に起こった上田合戦は、城下町の構造を巧みに利用して戦った真田軍の大勝利となり、徳川軍は兵力二千以上を喪失。対して真田軍戦死者は、騎馬武者二十一騎と雑兵四十余人のみであった（『上田軍記』）。

その後まもなく昌幸は、この勝利を大坂城の秀吉に報じた。そこから真田家は豊臣政権の下で生き延びることになるのだが、秀吉は甲州・信州のあらかたを家康に与えていた。

一方、この時代の大名たちはある地域の大大名が寄親《よりおや》、小大名がその下で寄騎《よりき》となって、いわばゾーン・ディフェンスをおこなうシステムになっている。

上田城主真田家は一朝事あるときには徳川家の傘下《さんか》に入る、とされたことから昌幸の長男信之は駿府《すんぷ》城に出仕し、家康の家臣となった。信之が正室に迎えた女性は「徳川四天王」のひとりといわれた本多《ほんだ》忠勝《ただかつ》の娘小松《こまつ》殿だから、信之はかなり厚遇されたと考えてよい。真田家に生まれて徳川家に仕えたのは、昌幸の弟信尹につづいてふたり目だった。

さらに昌幸は秀吉に挨拶《あいさつ》するため大坂へ行ったときには幸村を同行しており、その縁で幸村は秀吉に仕えることとなった。いずれ幸村が正室に迎えるのは義将として知られた越前敦賀《えちぜんつるが》城主大谷吉継《おおたによしつぐ》の娘だから、幸村は大坂城に出仕していたころから豊臣家の天下がつづくことを願いはじめたものと考えられる。

ついでにその後の昌幸と信之・幸村兄弟の足取りを眺めると、この父子三人は天正十八年（一五九〇）におこなわれた小田原《おだわら》征伐（北条氏攻め）にそろって参加している。秀吉のみごとな指揮ぶりを初めて間近に見た昌幸は、このときから秀吉に心服するようになったのであろう。

しかも、北条家が開城降伏した同年七月中に、秀吉は家康に注文をつけた。

「沼田領は真田安房守《あわのかみ》（昌幸）に安堵《あんど》せよ」

と。これを受けて昌幸は、沼田領の経営を信之にゆだねることにした。ここにおいて真田家は上田城主昌幸と沼田城主信之の両家にわかれ、互いに独立した大名としてそれぞれの道をゆくことになる。昌幸の次男幸村が上田城主真田家の血統を継ぐことになったのも、この時点で長男信之が別家を立てたからにほかならない。

さて、関ヶ原《せきがはら》の戦い前夜の慶長《けいちょう》五年（一六〇〇）六月、家康が越後から会津《あいづ》へ移封《いほう》されていた上杉景勝を討つべく大坂城を出発し、江戸城を経て奥州《おうしゅう》街道を北上していったことはよく知られている。

真田家の父子三人が犬伏《いぬぶし》宿（栃木《とちぎ》県佐野《さの》市）に着陣したとき、伏見《ふしみ》で石田三成が挙兵したとの飛報が届き、三人はひそかに相談して昌幸・幸村は豊臣方、信之は徳川家に味方することにした、と俗説はいう。

人呼んで「犬伏の別れ」。こうしておけばどちらが勝っても真田家は滅亡を免れる、という意味だったといわれ、江戸時代にはこれをテーマとする川柳《せんりゅう》も作られた。

東西にみごろをわける真田縞《じま》
たね銭《せん》（信之）が関東方に残るなり
銭《ぜに》づかひ上手にしたは安房守

第三句目の「銭づかひ」は、真田家の家紋が六連銭《ろくれんせん》であることに引っ掛けている。

しかし、「犬伏の別れ」はただの俗説にすぎない。なぜか。

本稿でかなり詳しく述べたように、関ヶ原の戦いからさかのぼること十年、小田原征伐直後の時点で早くも真田家は昌幸系と信之系に別れていた。昌幸・幸村は豊臣政権に親しみ、信之は家康が駿府城を居城としていた時代から徳川家臣となっていたのだから、豊臣・徳川両家が対立したならだれがどちらを支援するかは、とうに決まっていたはずなのだ。

そう考えるのが歴史の見方だと思うが、みなさんはどうお感じだろうか。

「日本一の兵《つわもの》」真田幸村、最後の戦い

徳川家康《とくがわいえやす》との東西激突は必至と見た淀殿《よどどの》・豊臣秀頼《とよとみひでより》母子が、諸国でひそかに募兵を開始したのは慶長《けいちょう》十九年（一六一四）十月一日のこと。大坂城から忍び出た密使のうちには、紀州高野山《きしゅうこうやさん》の麓《ふもと》の九度山《くどやま》へ向かった者もいた。

なぜ九度山をめざしたかといえば、この地は十四年前の関《せき》ヶ原《はら》の合戦の際に西軍に味方した信州上田《しんしゅううえだ》城主真田昌幸《まさゆき》とそのせがれ幸村（信繁《のぶしげ》）父子の流刑地とされていたからだ。昌幸・幸村父子は徳川軍を二度まで撃破したことのあるいくさ上手だったから、秀頼としては何としても真田家に加勢してほしくてたまらなかったのだ。

昌幸は三年前に病死していたため、募に応じて大坂城入りしたのは幸村と約百人のその家臣団だけであった。しかし注目したいのはこの報に接したときの家康の反応である。

「はっ」

と叫んだ家康が戸に手を掛け、

「真田が籠城《ろうじょう》したると申すか。親か子か、親か子か」

と注進した者にたずねる間、かれはその戸ががたがたと鳴りわたるほど震えていたという（『幸村君伝記』）。これは、強悍無比《きょうかんむひ》の真田軍が家康に昌幸の死を忘れさせるほどの恐怖感を植えつけていた、ということだろう。兵力六千を与えられた幸村は、まもなくその手並のほどを徳川方の将兵に見せつけることになる。

幸村の持ち場は、大坂城南側の三の丸と外堀の南側にひろがる南総構え（南へ突き出た外郭）のさらに南側、東西に長く伸びた障壁の東端の外に築いた半円形の真田丸だった。かつて武田《たけだ》信玄《しんげん》に仕えていた真田家の軍法は、いわゆる甲州《こうしゅう》流《りゅう》軍学。この軍法においては城門の外側に半円形の障壁陣地を構築し、その障壁の左右に切った隙《すき》間《ま》から兵を巧みに出し入れして雌雄を決する。直径百間（一八二メートル）、複数の櫓《やぐら》を建ててその間を幅七尺（二・一メートル）の武者走りといわれる通路で結んだ真田丸は、障壁とその外側に二重に引きまわした柵には一間置きに鉄砲狭間《ざま》を六つずつ切り、鉄砲足軽三人ずつを配置した軍船《いくさぶね》のような出城《でじろ》だった。

大坂城を攻める者はまず南方の平野《ひらの》とその西側の天王寺《てんのうじ》に兵力を展開し、北の南総構えを突破して三の丸へ踏みこまねばならない。その南総構えの南端には西から東へ松屋《まつや》町《まち》口、谷町《たにまち》口、八丁目口、平野口の諸門がひらき、平野口のさらに東の奥に真田丸が位置した。

　南から北へ攻め上ってくる徳川方兵力は、真田丸から見下ろせば必ず半円形の西側にあらわれる。ならば真田勢は真田丸の西寄りに兵力を集中させ、鉄砲による西方への側射《そくしゃ》につぐ側射によって勝負すればよい、と幸村は考えたのだ。

　では、その戦果はどのようなものだったか。真田丸に向かった東軍・徳川方は鉄砲得意の真田勢の前に「毎日手負《ておい》死人五十人三十人」（『幸村君伝記』）に及んだほどだが、十二月四日、東軍先鋒の加賀《かが》藩前田《まえだ》家の兵力二千五百、彦根《ひこね》藩井伊《いい》家の四千、福井藩松平《まつだいら》家の一万ほかが真田丸攻略をこころみたときこそ幸村の腕の見せどころだった。

　幸村の伝記『左衛門佐《さえもんのすけ》君伝記稿』は側射戦術を「横矢《よこや》」と表現して次のように書いている。

「東軍の兵どもは横矢に一人も残らず撃《う》ち落とされ、折り重なって討死《うちじに》した。柵を引きまわされていた空堀《からぼり》は、その死者たちで平地のようになった。冬の陣の際の東軍戦死者の五分の四は、こうして討死した者たちである」（大意）

　この真田丸の跡地は、地下鉄玉造《たまつくり》駅の西南、鎧兜《よろいかぶと》に身を固めて采配《さいはい》をふるう幸村の立像のある三光《さんこう》神社のあたりだ。その西側にある心眼寺《しんがんじ》は、幸村、大助《だいすけ》父子を弔《とむら》うべく大坂夏の陣がおわってから建立《こんりゅう》された。その門前には「真田幸村出丸城跡」碑があるが、上記の史料に照らし合わせると、この寺の境内ないしその周辺が冬の陣の最激戦地だったことになる。

しかし、家康もさるもの。十二月十六日には重さ十四キロの砲弾を最大六・三キロメートルも飛ばすことのできるカルバリン砲その他で大坂城天守閣を狙い撃ちし、淀殿付きの奥女中七、八人のからだを粉微塵《こなみじん》にした。

その返り血を浴びた淀殿は、恐怖におののいて和睦を決意。家康の示した「二の丸、三の丸の堀を埋める」という講和条件を呑《の》んだところ、東軍の将兵は真田丸、南総構えから二の丸、三の丸の殿舎群まで破却《はきやく》し尽くし、大坂城本丸と天守閣は、

「羽抜け鳥」

と呼ばれる無残な裸城《はだかじろ》と化した。

これでは籠城戦は不可能だから、ふたたび東軍があらわれたら渾身《こんしん》の出撃戦によって勝負する。幸村や後藤又兵衛《ごとうまたべえ》がそう考えるうちに江戸を出立《しゅったつ》した家康は、あけて慶長二十年（一六一五）四月なかばに名古屋城に到着。西軍の将兵の数が冬の陣の結果に失望してほぼ半減したと知り、

「用意する兵糧は三日分でよい」

と布令した。これはむろん、大坂城は開戦から三日間で落城させてみせる、と踏んだことを意味する。

一方、豊臣家の直臣たちは戦略眼のない者ばかりで、一大出撃戦を、という幸村の提案を承認しようともしない。その頑迷《がんめい》ぶりに失望した幸村は、ならば、と思い返して茶臼山《ちゃうすやま》（大阪市天王寺区西南部、天王寺公園の内）に陣を張った。この地は、冬の陣の際には、家康が本陣を置いた要地――いくさ巧者が見立てれば、敵と味方にわかれていてもどこに本陣を置くべきかは一目でわかることなのだ。

ここに集結した真田勢三千は、鎧兜から馬具、旗印までを赤一色に統一した「赤備《あかぞな》え」の姿。茶臼山の深い森にひそんだかれらが立ち上がった姿を南から接近した徳川方から眺めると、「躑躅《つつじ》ノ花ノ咲キタル如ク」であったという（『武徳編年集成』）。

決戦は五月七日。白熊《はぐま》つき抱角《だきづの》の兜に緋縅《ひおどし》の鎧を着用、朱柄《しゅえ》の大身槍《おおみやり》を右脇にかいこんで白河原毛《しらかわらげ》の名馬にまたがった幸村は、加勢の六千を合わせて九千となった真田勢に対し、ひたすら家康の本陣に向かって全軍突撃せよ、と命じた。東軍総兵力は十五万。幸村はその本陣と、あわよくば刺し違えてくれよう、と考えたのだ。

「（東軍は）殊《こと》に大軍なれば、大坂方ここかしこに押しへだてられ、討たるる者数を知らず。左衛門殿（幸村）は、味方ことごとく敗走し、あるいは討たるるに、少しも気を屈さず、真丸《まんまる》になりて駆け破り駆けなびけ、縦横に当りて、火花を散らしてもみ立てられける」(『左衛門佐君伝記稿』)

今も残る茶臼山の南斜面を駆け下った幸村は、家康の本陣の位置を示す「七本骨の金の開扇《かいせん》」の大馬印と三日月の小馬印、そして「厭離穢土《おんりえど》　欣求浄土《ごんぐじょうど》」と書かれた旗印を確かに見た。それどころか、これらを押し倒してみせた。家康の旗本のうちには南に三里逃げ走った者もいる、といえば、この突入戦が徳川方には悪夢そのものだったことが知れよう。

この強襲は二度繰り返されたが、三度目のとき幸村はすでに満身創痍《まんしんそうい》。北へ馬首を返して一心寺《いっしんじ》を抜け、東西に走る道をさらに北へ越えて安居天満宮《やすいてんまんぐう》の境内で休息すべく下馬したとき、白河原毛の名馬に最期の時がきた。銃創と槍傷を無数に受けていたこの馬は、あるじが戦場から離脱したと理解するや、崩れるように息絶えたのだ。

つづけて幸村自身も、追いすがった福井藩士西尾仁左衛門《にしおにざえもん》によってついに首を奪われた。享年四十九。

幸村が横切った一心寺は浄土宗の古刹《こさつ》であり、幸村の討死直後に大坂城が落城し、あたり一帯が戦死者の亡骸《なきがら》で埋まったとき、当時の住職本誉存牟《ほんよぞんむ》上人が無名戦士三千柱を一ヵ所に集めて埋葬したところとして知られる。

「お骨仏《こつぼとけ》の一心寺」として知られるこの寺には、幕末の鳥羽《とば》・伏見《ふしみ》の戦いに命を散らした会津藩士の墓も五基あるので、私は大阪に出張して時間ができたときには一心寺に参拝するようにしている。

ついで安居天満宮を再訪したのは「真田幸村戦死跡之碑」があるためだが、今回おやと思ったのは、この石碑の近くに「真田幸村公之像」があらたに建立されていたことだった。

三光神社の幸村像と違い、こちらの像は兜をかぶってはおらず、地面に座って右足を立てたゆったりとしたポーズを取っている。これはおそらく、この地で下馬した幸村が息を整えようとしている姿をイメージしたのだろう。

そのままもどろうとすると私は宮司さんと思われる人に呼び止められ、拙作『真田三代風雲録』と色紙にサインを求められてしまった。

大阪にある幸村関係の史跡の現状は以上のようだが、茶臼山に往時の雰囲気がよく残り、L字形の池の輪郭も古絵図通りなのが何よりの美点であろう。一心寺にしても安居天満宮にしても、幸村ゆかりの地として大々的に売り出そう、などとは考えていないところが気持よい。

幸村は今日も「日本一の兵《つわもの》」として人気が高いが、最後に家康と西尾仁左衛門のやりとりを見ておこう。

西尾が幸村と激しく戦った様子をとくとくと述べると、家康はうんざりしたように応じた。

「真田は早天より全軍を指揮して何回か突撃戦をおこなったのだ。その方の申すようによく戦えた訳がない」(『武徳編年集成』大意)

名将は名将を知る、ということばを思い出させる逸話だが、このやりとりも茶臼山でおこなわれたものと考えてよい。

移りゆく「赤備え」

平安末期の源平《げんぺい》合戦の時代に、源氏が白い旗や幟《のぼり》を、平氏がおなじく赤いものを使用したことはよく知られている。小学校の運動会などで、

「赤勝て、白勝て」

という応援がおこなわれるのも、NHKテレビが大晦日《おおみそか》に「紅白歌合戦」なる歌謡大会をひらくのも、煎《せん》じつめればすべて源平合戦に由来する。

このうち「赤」という色合いについて話をすすめることにすると、戦国時代には、

「赤備え」

という軍装が登場した。これは兜《かぶと》、鎧《よろい》、旗、鞭《むち》、馬装などを赤一色に統一した姿をいう。

鎧を作るための皮革や鉄に赤うるしを塗《ぬ》る技法が開発されたこととも関係するのだろうが、ともかく赤備えでよく知られたのは武田《たけだ》信玄《しんげん》配下の以下のような部将たちだった。飯富《おぶ》虎昌《とらまさ》、浅利《あさり》信種《のぶたね》、小幡《おばた》信真《のぶざね》。

それは『甲斐《かい》国志』人物部に、つぎのように書かれていることからわかるのだ。

「諸録ニ記ス所、兵部《ひょうぶ》（飯富虎昌）ノ軍容ハ赤一色ナリ。其《そ》の次ハ浅利・小幡上総《かずさ》（信真）、赤備ナリ」（読み下しと句読点筆者）

ところで赤備えの軍装には、どんな利点があったのだろうか。

それについて書かれた史料は見当たらないが、赤は膨脹色《ぼうちょうしょく》だから、赤備えの部隊は敵から見ると実際より大兵力と感じられたのではあるまいか。しかも、弾丸や矢が命中しても出血したかどうかわかりにくく、敵に気味悪く思わせるという効果もあったのかも知れない。

武田信玄からその家督を相続した勝頼《かつより》が、天正《てんしょう》十年（一五八二）三月十一日に織田《おだ》信忠《のぶただ》（信長《のぶなが》の嫡子《ちゃくし》）によって滅ぼされたことは、これまたよく知られていよう。信長はその直後に、

「（武田家遺臣団のうち）武名ある者は諸将召抱《めしかか》ゆべからず」（湯浅常山《ゆあさじょうざん》『常山紀談』）

と布令したから、赤備えの伝統はここで絶えるかに見えた。

しかし、徳川家康《とくがわいえやす》がこの危機を救った。

「われ年若き程より彼（信玄）がごとくならんとおもひはげ《（励）》むで益を得し事おほし」

（『東照宮御実紀附録』）

とかねてから述懐していた家康は、盟友信長の命令を聞き流して武田家遺臣団を多数召し抱えた。佐藤八郎の研究「武田家遺臣の行方」（『歴史と旅』臨時増刊「武田信玄総覧」）によると、その内訳は侍大将十六人、諸武頭《しょぶがしら》・諸役人・近習《きんじゅ》七十一人、山県昌景《やまがたまさかげ》衆五十七人、土屋昌続《つちやまさつぐ》・昌恒《まさつね》を寄親《よりおや》とする土屋衆七十二人、その他八百九十五人にものぼった。

そのうち山県衆、土屋衆などが配属された先は、徳川四天王のひとり井伊直政《いいなおまさ》家であった。同時に家康は直政に今後は赤備えとなれと命じたので、武田の赤備えの伝統は井伊家の受けつぐところとなったのだ。

慶長《けいちょう》五年（一六〇〇）九月十五日、関ヶ原《せきはら》の戦場にあらわれたこの軍勢が、

「井伊の赤鬼」

と西軍に恐れられたのも赤備えだったからにほかならない。以後、赤備えといえば「井伊の赤備え」を意味することになり、赤地に白く「井」の字を浮かびあがらせたその軍旗は「関ヶ原合戦図屏風《びょうぶ》」にも大きく描かれた。

この「井伊の赤備え」が象徴的に示すのは、徳川家の軍法とは武田家のノウ・ハウを大幅に取り入れたものとなっていた、という事実である。

家康は武田家遺臣団の大量採用から二年後の天正十二年（一五八四）四月のうちに、つぎのように布令していた。

「信玄時代出したる軍法の書付《かきつけ》、其外《そのほか》武器、兵具国中へ相触れ取《とり》集め、浜松へ差越《さしこす》べしとなり（略）、且《か》つ直政に附《つ》けし武田衆に、信玄時代の事は何に寄らず申述《もうしのべ》候様《そうろうよう》にとの儀にて、徳川家の軍法を信玄流にせられけり」（岡谷繁実《おかのやしげざね》『名将言行録』）

家康が採用しなかった武田家のノウ・ハウは、ただひとつだったといわれている。武田家にあっては矢に鏃《やじり》をつけるとき、わざと鏃が抜け落ちやすいようにしておいた。射られた敵がその矢を引き抜いても鏃が体内に残るように、という工夫であり、今日のダムダム弾に似た発想である。

それはあまりに残酷と感じた家康は、

「当家の用いる矢には、鏃をしっかりと結びつけよ」

と命じたという。これは信玄と家康の個性の違いを考える上で、きわめて興味深い話であろう。

関ヶ原の戦いから十四年たって大坂城に拠る豊臣秀頼《とよとみひでより》と家康との間に緊張が高まると、関ヶ原の西軍に属したためにその後浪人していた諸将は続々と豊臣家に味方した。

土佐浦戸《とさうらど》二十二万石の元藩主長宗我部盛親《ちょうそかべもりちか》、信州上田《しんしゅううえだ》五万五千石の元藩主真田昌幸《まさゆき》の次男幸村《ゆきむら》、宇喜多秀家《うきたひでいえ》の元家老明石全登《あかしてるずみ》など。なかには関ヶ原の東軍黒田《くろだ》家の家老だったにもかかわらず、主従の不和から浪人した後藤又兵衛《ごとうまたべえ》のような豪傑もいた。

これらのうちにも軍装を赤備えと定めた者がいた。それはだれか、とたずねたら、もうわかった、と答えるむきもあるだろう。さよう、真田幸村の軍勢も赤備えで押し寄せる徳川方と戦ったのだ。

ところでなぜ幸村が赤備えを選んだのかといえば、その祖父幸隆《ゆきたか》と父昌幸が武田家につかえたため、あえて幸村は赤備えを選択したものと思われる。しかし、幸村は本来ならば赤地に六連銭《ろくれんせん》の家紋を染め出すべき軍旗に、家紋を描かせなかった。その兄真田信之《のぶゆき》は徳川家に味方していたため、兄に遠慮してこうしたとするのが定説になっている。

まずはじまった大坂冬の陣に際し、幸村は兵六千とともに大坂城の南側に張り出した真田丸に籠《こも》って巧みないくさぶりを見せた。慶長《けいちょう》十九年（一六一四）十二月四日、徳川方が真田丸を総攻撃したときには井伊の赤備えも出動したから、ここにふたつの赤備えが交錯したことになる。

なお、冬の陣の徳川方戦死者の五分の四はこの戦いの犠牲者だから、真田の赤備えは井伊の赤備えより強かったといってよい。

しかし、その後の講和で真田丸は破壊され、幸村は徳川方に対して遊撃戦をこころみるしかなくなってしまう。大坂夏の陣における幸村の本陣は茶臼山《ちゃうすやま》（大阪市天王寺《てんのうじ》区西南部）であり、ここは冬の陣の間は家康が本陣としたところでもあった。

慶長二十年（一六一五）五月七日の最終決戦に至る間、その兵力三千が赤備えで茶臼山に布陣した姿は、

「躑躅《つつじ》ノ花ノ咲キタル如《ごと》ク」

であった、と徳川方史料『武徳編年集成』は印象的に記述している。この光景を遠望したときの家康の感想を聞きたかった、と思うのは私だけではあるまい。

だが、その感想を書いた記録はなく、家康本陣への突入戦を図った幸村は、一代の武名を残して華と散っていった。

一方、井伊の赤備えにその後の出番はないまま歳月が流れ、近江彦根《おうみひこね》藩三十万石井伊家の第十三代当主となっていた直弼《なおすけ》が、幕府大老という重職にあったにもかかわらず桜田門外の変で水戸《みと》浪士らに討たれたのは周知の事実。その原因のひとつは直弼の強権体質にあると見た幕府は、井伊家歴代が名誉としてきた京都守護の職務を会津《あいづ》藩

主松平容保《まつだいらかたもり》と交代させたばかりか、第十四代当主直憲《なおのり》から十万石を没収した。

それが面白くなかったのか、慶応《けいおう》四年（一八六八）一月に鳥羽《とば》伏見《ふしみ》の戦いがはじまると、井伊家は徳川家を裏切って明治新政府軍側に回るのだから、なにをかいわんや。こうして井伊の赤備えは、尻すぼみにおわったのであった。

時代考証あれやこれや

まずは、もう二十年ほど前に小説雑誌に掲載された時代小説の粗筋《あらすじ》を紹介しよう。

主人公である武家の青年は、江戸の町を歩くうちに下駄《げた》の鼻緒《はなお》を切ってしまう。困っていると妙齢の美女がそれに気づき、親切にも鼻緒を挿《す》げてくれた。美女は名も告げずに去っていったが、その美女に一目《ひとめ》惚《ぼ》れした主人公は、以後つぎのように思い悩んだ。

――あの人は独り身なのか、人妻なのか。武家方の女性なのか、町方の者なのか。

私はここまで読んだとたん馬鹿らしくなり、先を読む気になれなかった。というのも以上紹介したストーリー展開だけで、この作者には江戸時代への理解が足りていないことがよくわかったからだ。私がその雑誌の編集長だったら、この作品はボツにしたに違いない。

その理由はふたつある。第一に江戸時代の女性は、一目見た瞬間に未婚なのか既婚者なのかわかるものだ。

りしている。

未婚の娘は「白歯者《しらはもの》」といわれ、歯に鉄漿《かね》（お歯黒《はぐろ》）をつけていないし、着ている小袖《こそで》の袖は長めに仕立てられている（礼装のときは振袖《ふりそで》になる）。既婚の女性は鉄漿をつけて袖を留めた小袖を着用しているし、「眉払い《まゆばらい》」といって眉毛を抜いたり剃《そ》ったりしている。

当然の結果として、「あの人は独り身なのか、人妻なのか」などと思い悩む者などはあり得なかった。

ある女性が武家方の者か、町方の者かも同様に一目瞭然であった。武家の女性なら帯の左脇に懐剣《かいけん》を帯びているし、外出の際にはかならず供の者をつれていて、決してひとりでは出歩かない。町方の女性でも富裕な商家の者なら供をつれていようが、こちらは懐剣など帯びていないし供の者も町人髷《まげ》を結っているはずだから、やはり武家方の者と間違われることはない。

要するにこの小説は、時代考証をきちんとしさえすればとてもプロット（話の筋）の成立しない駄作でしかなかった。

それとは別の作者の作についていうと、私は前後して「オール讀物」の編集長S氏からこう頼まれたことがあった。

「ご存じのように歴史・時代小説はなかなか有望な若い書き手があらわれないジャンルですが、次号には新人のなかなかの力作を載せます。読んで、感想を聞かせてくれませんか」

承諾した私が、その後しばらくして読んだ当の作品の粗筋《あらすじ》はつぎのようなものだった。

天正《てんしょう》十年（一五八二）六月二日の夜明け前、京の本能寺《ほんのうじ》を宿舎としていた織田信長《おだのぶなが》は、明智光秀《あけちみつひで》とその軍勢に急襲され、自刃して果てる。おなじく二条《にじょう》御所にいた信長の長男信忠《のぶただ》も明智の軍勢に襲われたが、信忠がひそかに二条御所から逃れると、道のかなたから左大臣がひとりでやってきた。

しかも左大臣は、信忠と瓜ふたつの顔だちをしていた。そこで信忠は左大臣と衣装を交換し、まんまと行方をくらますことに成功する。

史実は、信忠も二条御所で討死したのである。それをこの作は上記のように史実を改変しているわけだが、このような替え玉説は通俗時代小説ではよくあることだから、いまは問題にしない。

しかし、信忠がたまたまやってきた左大臣になりすますことはできるのだろうか。

まず「道のかなたから左大臣がひとりでやってきた」というポイントに注目する

と、これだけで作者は日本の貴族階級についての無知をさらけ出しているといってよい。

貴族は、決してひとりでは外出しない。左大臣ともなれば今日のハイヤー風に牛車《ぎっしゃ》に乗るもので、その牛を引く者のほかに「随身《ずいじん》」をつれている。

『大辞林』第二版、「随身」の項にいう。

「①平安以後、勅宣《ちょくせん》によって貴族の外出時に護衛として随従した近衛《このえ》府の官人。②主人につき従うこと。また、その人。おとも」

今日のSPに相当する随身は弓矢で武装しており、主人が愛人のもとへ通う場合であってもその供をした。

問題の作品にもどっていえば、左大臣がひとりで、しかも徒歩でやってくるなどという設定はナンセンスそのものなのだ。どうも作者は、光源氏《ひかるげんじ》が愛人の家へ通う場面の多々ある『源氏物語』を読んでいなかったらしい。これだけで小説としては落第点であり、少なくともこの場面は大きく書き直させる必要があった。

ほかにもこの作には、大きな欠陥があった。それは信忠と左大臣とがたとえ瓜ふたつの容貌《ようぼう》だったとしても、簡単に入れ替わることは絶対に不可能だ、という点が見過ごされていたことである。

信忠は明智光秀の軍勢が押し寄せてきたと知っていたのだから、頭には兜《かぶと》、からだには鎧《よろい》をまとい、腕には籠手《こて》、足には臑当《すねあて》をつけ、足元はいくさわらじで固めていなければならない。髷は平時なら月代《さかやき》を大きく剃《そ》りひろげた大月代茶筅髷《ちゃせんまげ》に結っているが、このときは兜をかぶるために元結《もとゆい》を切って揉烏帽子《もみえぼし》を頭に載せ、その上から兜を着用していたであろう。

また、戦国の世の武将たちは、自分を強く見せるために揉《も》み上げを長く伸ばすばかりか、鼻の下には八の字髭《ひげ》、顎《あご》の先には顎鬚《ひげ》をたくわえていたであろう。対して左大臣は、その身分を示すべく立《たて》烏帽子をかぶっていたはずだが、断じて月代は剃っていなかった。月代を剃るのは武家であり、貴族にそういう習慣はなかったからだ。

だから左大臣はすべての髪を伸ばし、立烏帽子にすっぽりと収まりやすい「冠《かんむり》下《した》」という形の髷を結っていなければならない。顔には薄化粧をし、貴族の習慣として歯には鉄漿をつけていた、とも想定できる。

では、はたして信忠がその場で左大臣と入れ替わることはできるのか。すでにいったように、これは絶対に不可能だ。

第一に信忠は月代を大きく剃りひろげているから、その場にアデランスでもない限り、髷を総髪の「冠下」に結い直すことはできない。マジックインキもない時代だから、その場で歯に鉄漿をつけて黒く染め、貴族になりすますことはさらにできない。むりやり信忠に化けさせられた左大臣にしても、事情は同様である。

総髪の髷をその場で剃って月代をこしらえることは、不可能ではない。だが、むりやりそんなことをしたら、剃刀《かみそり》を当てられた左大臣の頭は血だらけになってしまうのではないか。

しかも、左大臣に口をあけさせ、鉄漿を消し去って武家に見せかけるにはかなりの時間が必要だ。鉄漿を落とさせるには、紙ヤスリでゴシゴシやるくらいしか方法がない。

さらにいえば、信忠が左大臣と似たような背丈《せたけ》であったとしても、体格にはかなりの差があったと考えるのが常識である。

信忠は弓矢、槍、太刀の使用法に通じ、乗馬も巧みだったろうから、筋骨がよく張ってがっしりとした体格の持ち主だったろう。対して左大臣は武芸などたしなんだことがなく、まして乗馬の経験もないから骨太なからだの持ち主だったとは考えにくい。

そんな左大臣が、信忠の鎧と兜をつけさせられたらどうなるか。鎧も兜もぶかぶかで困ってしまったのではないか、と私は読みながら心配になってきたことをまだよく覚えている。

時代小説ないし歴史小説を書くということは、まず時代考証をしっかりとおこない、読者に今回述べたような疑念を起こさせることのないよう万全の注意を払うことでもある。

ちなみに本稿で取りあげた二作品の作者は、小説雑誌の目次でも新聞の出版広告でも名前を見掛けなくなってひさしい。なぜそうなってしまったのかは、いうまでもあるまい。

「交渉人」間野甚右衛門《まのじんえもん》の説得術

アメリカの刑事物の映画を観ていると、ビルなどに人質を取って立て籠《こも》った犯罪者グループに対し、人質解放の条件をたずねたり投降を勧告したりする役目のポリスがよく登場する。ネゴシエイター、和訳すれば「交渉人」となる困難な任務だが、江戸時代以前も家籠《やご》もりした者をその家に突入して捕縛《ほばく》ないし斬殺するのは至難の業《わざ》とされていた。

一例として、小野《おの》派一刀流を創始した小野次郎右衛門忠明《じろうえもんただあき》が殺人の罪を犯して板橋《いたばし》の自宅に立て籠った屈強の無頼漢《ぶらいかん》に立ちむかったケースをあげることができる。このとき次郎右衛門は、折悪しく瘧病《わらわやみ》（マラリア）に罹《かか》って自宅に寝ついていた。しかし、二代将軍徳川秀忠《とくがわひでただ》の要請を受けて止むなく出動したのだ。

馬に乗って板橋に駆けつけたかれは、

「上意」

と声をかけてその家に踏みこんだ。

だが病身のこととて腰がふらつき、足をすべらせて仰向けに転んだ隙《すき》に無頼漢は拝《おが》み打ちに斬りつけてきた。次郎右衛門が起きながら抜刀して下から払い斬りを試みたところ、無頼漢の両腕をかろうじて切断することができた（山田次朗吉『日本剣道史』）。

柳生宗矩《やぎゅうむねのり》とともに将軍家兵法指南役をつとめていた者でもこのようだから、ほかは察してあまりある。そこでやはり江戸の初期に姫路《ひめじ》藩を脱藩し、追手二名を半弓で射殺して赤穂《あこう》の商家に籠った稲垣掃部《いながきかもん》のケースを見てみよう。

姫路から追ってきた十人ばかりは、その商家をかこんだものの突入できずに時間ばかりが過ぎていった。それを見て戸を打ち破って稲垣掃部に立ちむかったのは、赤穂藩士の木梨清右衛門《きなしせいえもん》と沢市郎右衛門《さわいちろうえもん》。

先に突入した木梨は稲垣の放った一の矢を浴びて昏倒《こんとう》し、沢も二の矢に左の腕から腹にかけてを射抜かれてしまった。それでも沢は屈することなく稲垣に迫り、なんとかかれを斬り倒すことができたものの、木梨はこのときの負傷によってまもなく死亡したという。

こう書いてきて思い出すのは、黒澤《くろさわ》映画の傑作『七人の侍《さむらい》』の冒頭近くで、志村《しむら》喬《たかし》演じる勘兵衛《かんべえ》がやはり家籠りした男を討つシーンだ。勘兵衛はまず頭を剃《そ》って自分を坊主に見せかけ、握り飯を与えるという名目で屋内に踏みこんで相手をみごとに討ち果たす。

これは最初に紹介した小野次郎右衛門の逸話をヒントにして作られたシーンであろうが、なかなかそううまくゆくものではないことは、ほぼおわかりいただけたであろう。

しかし、なかにはみごとな交渉術を持つ人物もいた。太閤秀吉《たいこうひでよし》の時代に、大坂で町《まち》与力《よりき》をしていた間野甚右衛門。

熊沢正興《くまざわまさおき》編『武将感状記』(別名『砕玉話《さいぎょくわ》』)によると、事の発端はある侍が白昼に人を斬り、富み栄えている家の八歳の女の子が門前で遊んでいたのを人質にして、別の家に走りこんだことにあった。

その家は商家だったので、居合わせた者たちは侍と戦うことなど考えられない。みんな逃げ出してしまったので侍は内側から戸を閉ざし、女の子を膝《ひざ》で押さえつけて、踏みこむ者があれば刺し殺す気配をあらわにした。

女の子は初めのうちこそ泣き叫んでいたが、次第に声も嗄《か》れてかすかな泣き声しか聞こえなくなってしまう。野次馬たちは、その家のまわりを七重八重に取りかこんだ。だが、女の子が殺される危険があるので、どうにも助けようがない。

そこにあらわれた間野甚右衛門は、事情を聞いてこう宣言した。

「我れに任せよ、するやうあり（いい方法がある）」

そして入口に近づいた甚右衛門は、なかに呼びかけた。

「少し聞かれよ。この戸を細目にあけて面談したい。戸から入る気はないし、ここから貴殿のもとまでは十間（一八・二メートル）ばかりあろう。たとえ戸を押し破って入っていっても、その間に貴殿がその子を殺して立ちむかってくればなすすべがない。貴殿を欺《あざむ》く気はないから、お騒ぎ召さるな」

ついで戸を五寸《すん》（一五センチ）ほどすべらせると、相手の侍は、

「入ってくるな」

と告げて目を三角にする。

戸の隙間から顔をよく見せ、刀をはずして下に置いた甚右衛門は、名を名乗ってからたずねた。

「先ほど人を殺《あや》めたのは、日ごろの怨《うら》みか、たまたまの喧嘩《けんか》か」

「日ごろの怨みだ」

と答えた相手を、甚右衛門はまず盛大に誉め称えた。

「さてもよく斬れる刀ですな。左の肩先から右の腹まで斬り下げて、背骨にまで達し

ている。冷静にとどめも刺していること、まことに感じ入った」

かれはまず、相手の武士としてのプライドをくすぐったのである。そこから急転直下、かれはこうつづけた。

「しかし貴殿は、勇はあまりあっても智は足りぬと見えるな」

「それはどういうことだ」

おそらくむっとしたのだろう、侍が反問したとき、かれはすでに甚右衛門の術中にはまっていたといってよい。


それに応じて甚右衛門が展開した論理は、つぎのようなものであった。

「日ごろの怨みというからには、かねがね腹を固めており、本日たまたま行き合ったので名乗りかけて斬ったのであろう。白昼、人の多い巷《ちまた》でのことであれば、そのときは斬ってから逃れようなどと思わなかったに違いない。というのに、いまその女の子を人質に取ったことは、その覚悟を知らぬ者から見れば命を惜しむ所業としか考えられぬ。一方、この家の四方がすでに十重《とえ》二十重《はたえ》にかこまれた以上、貴殿に天を翔《か》け地をくぐる術がない限り逃走する方法はない。すなわち貴殿には、今日か明日ついに自害するか、斬り死にするかのふたつにひとつしか道はないのだ。

しかも人質の娘は、本日の刃傷《にんじょう》とはなんのかかわりもない子ではないか。さような娘を人質に取ったからにはみごとに人を斬った誉れも空《むな》しくなってしまい、世間にそしられて武士として無念なことになるぞ。思うに貴殿に、汚くも命を惜しむつもりはあるまい。人を斬った者として追われたのでこの家に難を避けただけで、それは尋常に腹を切って武士としての体面を失うまいとの策でもあろう。しかし、かように取りまかれて騒がれては町人どもにそうもいえず、時刻がうつって存念が貫《つらぬ》けなくなりつつあるというわけだな」

「よくぞお察し下さった」

侍が答えたので、甚右衛門は畳みこんだ。

「さればその娘を放免せよ。人を斬り足らなければわれらを斬れ。われら貴殿に遺恨《いこん》なく貴殿もわれらに遺恨はあるまいが、剣を抜き合わせたいというなら否とはいえぬ。御相手いたしはするが、よくよく分別せよ」

甚右衛門は家籠りした男の置かれた状況をよく説明し、武士としての体面を保ちたいなら切腹するしかないといいながらも、剣を交えることも辞さぬと硬軟両様の構えを見せたのだ。

「さてもいはれたる者かな。希代《きたい》の弁者たるべし」

と甚右衛門を誉めた侍は、すでに覚悟を決めていた。

かれは、女の子を引き起こして解放。甚右衛門に介錯《かいしゃく》を頼んでみごとに切腹し、事件はここに一件落着となった。

日本にも、なかなか立派な交渉人がいたのである。

お江与《えよ》の方という女

織田信長《おだのぶなが》の血筋の特徴は、美男美女が多いことだ。信長も鼻筋の通った美男だったが、その妹の市《いち》姫は時代を代表する美人とされ、

「戦国一の名花」

と称えられた。

長い黒髪を当世風のおすべらかしにし、額に茫々眉《ぼうぼうまゆ》を描いた絵姿（持明院《じみょういん》蔵）を見ると、通った鼻筋は信長によく似ている。顔の輪郭は卵形、目は二重まぶたの切れ長で、小さな唇《くちびる》にちょんと紅《べに》を差しているところに気品がある。

永禄《えいろく》十年（一五六七）末ごろ、市姫は岐阜《ぎふ》城主となっていた信長の命により、二十一歳にして近江小谷《おうみおだに》城主浅井長政《あざいながまさ》に輿入《こしい》れ。お市の方、あるいは小谷の方と呼ばれ、三人の女の子を出産した。長女お茶々《ちゃちゃ》、次女お初《はつ》、そして三女お江与だが、お江与はお江《ごう》と記されることもある。

信長が浅井長政に妹を嫁がせた目的は、いずれ京に旗を立てる際には上京ルートと

なる近江路を封鎖させないことにあった。しかし、浅井長政は越前一乗谷《えちぜんいちじようだに》の朝倉義景《あさくらよしかげ》と同盟して信長に反攻、結果として天正《てんしよう》元年（一五七三）八月に攻め滅ぼされる。

ちなみに浅井・朝倉の同盟をいち早く信長に知らせた者こそお市の方だから、長政とこの女性との結婚は、信長の仕掛けたハニー・トラップだったと考えてよい。三人の娘たちをつれて織田家にもどったお市の方は、信長の下の兄信包《のぶかね》に預けられるうちに天正十年（一五八二）六月を迎え、二日に本能寺《ほんのうじ》の変が発生したことを伝えられた。羽柴秀吉《はしばひでよし》が明智光秀《あけちみつひで》を討ったのを受け、月が変わらないうちに清須《きよす》会議をひらいた織田家諸将は、つぎのように定めた。

織田家を相続するのは、信忠《のぶただ》（信長の長男、やはり明智勢に敗死）の長男三法師《さんぼうし》（秀信）三歳。その後見人は秀吉とし、お市の方は越前北《きた》ノ庄《しよう》城主柴田勝家《しばたかついえ》に再嫁《さいか》させる。

柴田勝家は織田家の古参の家老であり、事実上の天下人に成長しつつあった秀吉の対抗馬である。お市の方は娘三人をつれて、今日の福井《ふくい》市内にあった北ノ庄城へ嫁いでいった。

しかし、勝家とお市の結婚生活は十ヵ月間しかつづかなかった。翌年四月、勝家は秀吉と近江賤《しず》ヶ岳《たけ》に戦って敗北。北ノ庄城へもどって天守閣に火を放ち、夫妻そろって自決したのである。

勝家は六十二歳、お市の方は三十七歳。ふたりを介錯《かいしゃく》した中村文荷《なかむらぶんか》という家来も火中に身を投じて殉死したが、文荷はあらかじめお市の方に申し入れ、お茶々以下の三人を一乗谷へ逃れさせていた（『柳営婦女伝系』）。それを知った秀吉が三人を庇護《ひご》したことから、この三人姉妹はそれぞれの人生を歩みはじめる。

長女お茶々が秀吉の側室となり、淀《よど》城を与えられて淀のお方、あるいは淀殿と呼ばれたことはよく知られている。次女お初は秀吉の家臣京極高次《きょうごくたかつぐ》に嫁ぎ、やがて高次は近江大津《おおつ》六万石を得た。

対して三女お江与には、より複雑な人生行路が待っていた。彼女は合計三回の結婚生活を送ることになるのだ。

最初の夫は、尾張大野《おわりおおの》五万石の城主佐治与九郎一成《さじよくろうかずなり》。だが一成は、天正十二年（一五八四）四月から秀吉と徳川家康《とくがわいえやす》が小牧《こまき》・長久手《ながくて》で戦うと、家康に渡し舟を提供するなどした。

「此事《このこと》秀吉聞及《ききおよび》て甚《はなは》だ立腹し、淀殿病気と称して使者を遣《つかわ》し、与九郎一成妻（淀殿妹・原注）を迎へ招《まねき》て淀殿の許《もと》に差置き、佐治は予が相聟《あいむこ》には不足なりとて、彼《かの》妻を留置《とめおき》て終《つい》に返さず」（同

「相聟」とは姉妹をそれぞれの妻とした夫同士のこと。秀吉はすでに天下人、一成はただの小大名だから、かれは自分の愛妾の妹をそんな男の妻にはしておけない、と居直ったわけである。

こうしてお江与の最初の結婚は自然解消となってしまったが、佐治一成は「是《これ》を悔《くや》み怒るといへども、如何《いかん》ともすべき様」なく出家した（同）。お江与も目鼻立ちがちんまりと整った美人だったから、その胸中はわからずとも一成側には未練があったようだ。

その後、秀吉の養女となったお江与は、つぎにはかれの姉瑞龍院《ずいりゆういん》日秀《にっしゅう》の次男で丹《たん》波《ば》亀山《かめやま》城に封じられていた羽柴秀勝《ひでかつ》に嫁がされた。お江与は秀勝との間に娘ひとりをもうけたものの、秀勝は天正二十年（一五九二）九月に病死。天正元年（一五七三）生まれのお江与は、二十歳にして寡婦《かふ》になってしまった。

しかし、二度あることは三度ある。文禄四年（一五九五）、すでに関白《かんぱく》となっていた秀吉はお江与を家康の世子《せいし》秀忠《ひでただ》に嫁がせた。むろんこれは政略結婚だが、ここからにわかにお江与の運がひらけた。秀忠とはのちの徳川二代将軍のことだから、お江与はお江与の方さまと呼ばれる将軍家正室として歴史に名を刻むことになったのだ。

しかもお江与の方は多産の質であり、慶長《けいちょう》二年（一五九七）から同十二年（一六〇七）までの間に三男五女を出産した（長男のみ夭折《ようせつ》）。次男竹千代《たけちよ》はのちの三代将軍家光、三男国松はのちの駿河大納言《するがだいなごん》忠長。これによって徳川幕府は第三代以降もつづいてゆくことが確約されたわけだから、お江与の方の権勢は大変なものだったようだ。

別の角度から見れば、秀忠とお江与の方とは閨房《けいぼう》のなかでもきわめて仲の良い夫婦だったと考えられる。秀忠は妻より六歳も年下だったから、いつしか尻に敷かれてしまった可能性も大いにある。

たとえばお江与の方は、秀忠が江戸城大奥に側室を置くことを断じて許さなかった。秀忠が内密に奥女中お静《しず》に手をつけ、孕《はら》ませてしまったとき、板橋《いたばし》在のお静の実家神尾《かんのお》家では家族会議を開催。お江与の方から刺客が放たれるのを恐れるあまり、里帰りしたお静を人工流産させたことからも、その嫉妬《しっと》深さは充分に察せられよう。

この出来事のあった慶長十四年（一六〇九）、秀忠は三十一歳、お江与の方は三十七歳。秀忠は鼻っ柱の強い年上女房が鼻につきつつあったのか、翌年再出仕を命じたお静をふたたび懐妊《かいにん》させた。その結果、ふたたび宿下がりしたお静がひっそりと出産した男児がのちの保科正之《ほしなまさゆき》だが（小著『保科正之』〈中公文庫〉参照）、その噂を聞きつけたお江与の方はつぎのように触れ出した。

「公方様のお胤《たね》を宿した者は、何者によらず注進すべし。お取り立て下さるべし」
(『千載之松《ちとせのまつ》』大意)

将軍家正室とはいえ、女が政治に口出しすることは許されない時代である。というのに勝手にこのように布令し、あわよくばお静の方・正之母子《おやこ》を抹殺しようとしたところにお江与の方の嫌らしさがある。

さすがに右のような野望は叶《かな》えられなかったが、表面上お江与の方は満ち足りた生涯を送った。長女千《せん》姫は豊臣秀頼《ひでより》に嫁ぎ、大坂城滅亡の際にかろうじて城から脱出するという経験をしたものの、次女子々《ねね》姫は加賀《かが》百万石の三代目前田《まえだ》利常《としつね》と結婚。家光は三代将軍となり、初め松《まつ》姫といった末の娘は後水尾《ごみずのお》天皇の女御《にょうご》として入内《じゅだい》。興子《おきこ》内親王のちの明正《めいしょう》天皇を産んで東福門院和子《とうふくもんいんまさこ》の院号を授かり、国母《こくぼ》と称された。

一方では長姉淀殿が大坂落城当日に生母お市の方とおなじ運命をたどり、家光は実弟忠長を切腹に追いやるなどした。お江与の方が長姉の死をどう感じたかを示す史料のないのは残念だが、忠長の切腹はお江与の方が寛永《かんえい》三年(一六二六)九月十五日に五十四歳で死亡してから七年目のこと。

お江与の方としては、まさか自分の死後にこんなことが起こるとは夢にも思わなかったのではあるまいか。

異界への手紙を書いた男たち

ファックスやパソコン・携帯電話のメールが普及して以来、われわれ日本人は急速に手紙を書く習慣を失いつつあるようだ。

対して昔の人たちは、よく手紙を書いた。王朝の世の貴族と宮仕えの女たちの間では、相聞歌《そうもんか》がやりとりされることもしばしばであった。

しかも、なかには異界に住む人間ならざる相手に手紙を書き送った者もいる。よく知られているのは太閤秀吉《たいこうひでよし》が稲荷大明神《いなりだいみょうじん》宛に出した朱印状だが、その前段から説明しよう。

秀吉は実子に恵まれなかったため、多数の養子を迎えた。大の気に入りは、前田《まえだ》利《とし》家《いえ》・お松《まつ》の方夫妻からもらい受けた豪《ごう》姫であった。豪姫は、やはり秀吉の養子である備前岡山《びぜんおかやま》の大大名宇喜多秀家《うきたひでいえ》と結婚。その大坂屋敷に住んで一男一女の母となっていた慶長《けいちょう》二年（一五九七）三月、奇怪な病気に罹《かか》ってしまった。

驚いた秀吉が天下一の名医として知られる曲直瀬正琳《まなせしょうりん》に豪姫を診察させたところ、

その診断はなんと狐が憑《つ》いたというもの。いまなら一笑に付されるところだが、秀吉は大真面目にその答えを信じ、狐どもの総元締である稲荷大明神宛に、これ以上狐が憑くなら狐狩をするぞ、と威嚇《いかく》する朱印状を書いたのである。

「備前中納言《ちゅうなごん》女ども（宇喜多秀家の妻すなわち豪姫）につき、障り、物《もの》の怪《け》相見え候《そうろう》。とかく狐の所為《しょい》（しわざ）に候。何とて左様にみいり候や。曲事《くせごと》（非道）におぼしめされ候へども、今度は御免なされ候。もしこの旨相背《そむ》き、むさとしたる議（節度をわきまえぬ行為）これあるにおいては、日本の国、年々狐狩仰せつけらるべく候。一天下にこれある有情《うじょう》無情の類まで（生きとし生けるもの）御意《ぎょい》重からず候や。すみやかに立ち除《の》くべく候。委曲、吉田《よしだ》の神主《かんぬし》申し渡すべく候なり。

卯月《うづき》十三日　　朱印

稲荷大明神殿」

これには、仲介を命じられた「吉田の神主」も困惑したのではあるまいか。

上杉景勝《うえすぎかげかつ》の家老直江山城守兼続《なおえやましろのかみかねつぐ》も、おなじ年に閻魔《えんま》大王宛の手紙を書いた。

その発端は、上杉景勝の家臣である三宝寺勝蔵《さんほうじしょうぞう》という者が下僕《げぼく》を斬り殺したことに

ある。その下僕の親類三人は腹の虫がおさまらず、

「死者を生かして返せ」

と直江兼続にむかって抗議した。

兼続が三人に回向料《えこうりょう》および弔慰金《ちょういきん》として白銀二十枚を与えても、三人はまだ満足しない。なおも死者を生かして返せと要求してやまなかった、と福本日南《ふくもとにちなん》『直江山城守』にあるのは、ごねればもっと金を引き出せると踏んだのだろう。

対して、豪放な気性で知られる兼続は激怒して答えた。

「生還を欲すること斯《か》くの如くならば、吾《われ》、冥府《めいふ》に牒《ちょう》して（地獄に手紙を書いて）之《これ》を呼回《よびかえ》さん。汝等此牒《なんじらこのちょう》を奉《ほう》じて以《もっ》て行き、死者を伴ひて而《しこ》うして還れ」（『直江山城守』）

その手紙の文面は、つぎのようなものであった。

「未だ御意を得ず候へども、一筆啓上せしめ候。三宝寺勝蔵（の）家来何某《なにがし》、不慮の儀につき相果て候。親類ども嘆《なげ》き候ひて、呼《よび》返し呉《く》れ候様に申し候につき、すなはち三人の者（を）迎へに遣《つかわ》し候。彼《かの》死人御返下さるべく候。恐々謹言。

直江山城守兼続

慶長二年

二月七日

閻魔王
冥官《めいかん》御披露」

この手紙をわたされた時、三人はどんな気分がしただろうか。

三人の者を地獄へ死者の迎えに派遣するとは、要するにこのうるさすぎる三人を殺してしまうという意味にほかならない。

はたして兼続は手紙を受け取った三人を部下に斬らせ、これによってこの一件は落着となった。

この結果だけを見ると、兼続は残忍無比な男だったと感じるむきもあるかも知れないが、そうではない。兼続が自分の領民たちに心構えを教えた文書として、「地下人《じげにん》上下共身《じょうげともみ》持之《もちの》書《しょ》」というものがある。以下その一部を抜粋し、現代語に訳してみよう。

「茶をがぶがぶ飲んではあちこちの家を訪ね、人の噂話《うわさばなし》ばかりする女房は、かならず隠し夫を持つものだ。このような女房は、たとえ子供のある仲であっても離別すべきである」

「四月には、男は未明から日暮時まで鍬《くわ》の先がのめりこむほど田を打て。女房や娘は三度の飯をこしらえたら、頭に赤い手拭《てぬぐ》いをかぶり、田のほとりへ持っていって、田仕事に泥だらけになった男の前へ据えよ。赤い衣装の女房を見れば、男は心勇んで心労を忘れるものだ。男が帰宅したら女房はその汚れた足を湯で洗ってやってから、自分の腹の上に置いて撫《な》でさするように。こうすれば、男は一日の苦労を忘れられる」

「五月の田植の際には、女房は顔をよく化粧し、口には紅《べに》をつけ、衣装を改めて笠をかぶり、尻を高く掲げて早《さ》苗《なえ》を植えよ。田植歌には、いかにもしゃれた男女、夫婦の語らいごとを歌に作って歌うべし」

直江兼続は、このように男女の機微までよく心得ていた。その兼続は、死者を生かして返せという絶対不可能な注文を繰り返してやまない三人が上杉家家中《かちゅう》に不和をかもす可能性を考えて、あえて斬に処したのではあるまいか。

このように異界へ手紙を書く習慣は、江戸時代後半になってもおこなわれていた。文政《ぶんせい》七年（一八二四）七月、徳川《とくがわ》第十一代将軍家斉《いえなり》は翌年四月に日光東照宮《にっこうとうしょうぐう》へ参拝する予定を立て、老中水野《みずの》出《で》羽守忠成《わのかみただあきら》から天狗《てんぐ》や降魔《ごうま》の神（悪魔を降伏させることのできる神）に対して力を発揮するといわれる豊前《ぶぜん》国彦山《ひこさん》の修験《しゅげん》道場宛につぎのような手紙を送らせた。

「来《きたる》四月、日光御社参仰せ出され候。これにより、これまで（日光の）お山に住み居り候天狗ならびに降魔の神、御社参相済むまでそのお山を立ちのくべき者也。

文政七申年七月　　　　　　　　　　　　　　　水野出羽守

豊州《ほうしゅう》彦山　　　　　　　　　　　　　　　　　　　」

これは小川渉《おがわわたる》『志ぐれ草紙』に引用された文章を読み下したものだが、家斉は自分が日光東照宮に参拝するにあたって天狗や降魔の神になにか悪さをされたら幕府の存続にかかわると考え、彦山にこのように申し入れさせたのだろう。

さらに『志ぐれ草紙』は、

「天保《てんぽう》年の事ならん歟《か》（天保年間のことか）」

と前置きし、幕府が上総《かずさ》国富津《ふっつ》に陣屋を建てようとした時の逸話も紹介している。

それによると、富津は非常に蛇の多いところだったので、幕府は老中の名によって蛇どもに以下のように命じた。

「此度《このたび》陣屋造営につき蛇ども幾日までに立退《たちの》くべし、若《も》し立退かざるに於《おい》ては火をつけ焼き払うべし」

この制札を立てたところ、あちこちに群れていた蛇どもは、着工期日には一匹も見えなくなった。そこで、征夷大将軍の威勢は介虫《かいちゅう》（甲羅《こうら》や鱗《うろこ》のある生きもの）にも及んだともっぱらの評判になったという。

なお『志ぐれ草紙』は昭和十年（一九三五）に出版されたエッセイ集だが、著者小川渉は天保十四年（一八四三）生まれの会津《あいづ》藩士。かつて将軍の権威は人間以外の生きものや異界の存在にも及ぶ、という感覚があったことを伝えているのが興味深い。

徳川家光《とくがわいえみつ》の生母は春日局《かすがのつぼね》か

港区芝《しば》公園二丁目にある最勝院《さいしょういん》は、その住職村田洋一《むらたよういち》氏によると、もとは増上寺《ぞうじょうじ》の宿坊だったという。徳川三代将軍家光が、その母お江与《えよ》の方（お江《ごう》とも）の霊を慰《なぐさ》めるために建立《こんりゅう》したのがそもそものはじまりだそうで、その一室には現在もお江与の方の大切にした念持仏《ねんじぶつ》が安置されている。

こう書くとお江与の方と家光は仲の良い母子だったようだが、実はそうではない。徳川二代将軍秀忠《ひでただ》とその正室お江与は、家光がまだ竹千代《たけちよ》という幼名を名のっていた時代から、その二歳年下の国松《くにまつ》を目のなかに入れても痛くないほど可愛《かわい》がった。そして、その分だけ竹千代のことを無視しつづけた。

これは竹千代がどこかぼんやりしたところのある少年だったのに対し、国松は目から鼻に抜ける才気の持ち主だったため、と解釈されるのが普通である。結果として秀忠・お江与の方夫妻は、三代将軍には竹千代ではなく国松を指名しそうな気配を見せた。

その気配は徳川家の重臣たちもよく察知するところとなり、かれらは国松にばかり貢《みつ》ぎ物をして竹千代の部屋にはたまにしか挨拶に出むかなかったほど。竹千代が疱瘡《ほうそう》(天然痘《てんねんとう》)を病んだときにも、これらの者たちはかれが死ねば次期将軍職はいよいよ国松のものだと「悦び合ひ」、国松が食事をすると聞いたときには、竹千代の「御薬などは、そこら掻散《かきち》らし」て国松の部屋に行ってしまった(『武野燭談《ぶやしよくだん》』)。

このような竹千代の危うい立場をつぶさに眺め、まだ大御所として駿府《すんぷ》に健在だった家康《いえやす》に直訴したのが竹千代の乳母《めのと》お福《ふく》――のちの春日局《かすがのつぼね》であったことはよく知られている。慶長《けいちよう》十六年(一六一一)十月二十四日、江戸城にあらわれた家康は、八歳の竹千代と六歳の国松がそろって相伴《しようばん》の座に着こうとすると、不快気に国松づきの奥女中たちをたしなめた。

「竹千代は正しき儲副《もうけぞえ》(嫡流《ちやくりゆう》)のことなれば、相伴あるべきなり。国松は庶流なれば、行末《ゆくすえ》竹千代が家頼《けらい》(来)となり、忠勤を抽《ぬきんず》べき身なり。いかで君臣位を同じくして座を並べんや」(『台徳院殿御実紀《たいとくいんでんごじつき》』)

家康がこういって国松を相伴の座から追ったため、人々は初めて竹千代を次期将軍と認識することになったのだ。その竹千代あらため家光が、のちに駿河大納言《するがだいなごん》徳川忠《ただ》長《なが》と称した国松を切腹に追いこんだことからみても、いかにかれが弟を憎んでいたかが察せられる。

ところで家光については、

「その生母はお江与の方ではなく、実は春日局だったのではないか」

とする説が古くからある。その場合、父は秀忠ではなく春日局を採用した家康とされる。

秀忠の正史『台徳院殿御実紀』の慶長九年七月十三日の項には、

「北方《きたのかた》（お江与の方）また御産ありて　若い君（家光）生れ給ふ」

とあるから、右はもとより定説ではなく、珍説、奇説の類にほかならない。私自身もそう思い、この〈春日局＝家光の生母説〉を検討したことはなかったし、検討する必要を感じたこともなかった。

しかし、今回はあえてそのような歴史的常識をいったん棚上げして話をすすめてみよう。〈春日局＝家光の生母説〉に立って考えると、なぜそうだったのかわかりにくい点にかなり説得力のある解釈を下すことも可能なのだ。

たとえば本稿の冒頭で紹介したように、秀忠・お江与の方夫妻が家光をないがしろにして忠長ばかり可愛がった事実も、それは家光が夫妻の実の子ではなかったからだ、と考えられる。春日局が家康に家光の危うい立場を直訴したのも、家康がかれの実の父、自分が実の母だったからだ、ということで説明がつく。

さらにいえば、春日局の父は斎藤内蔵介利三《さいとうくらのすけとしみつ》という人物であり、その身分は明智《あけち》光《みつ》秀《ひで》の家老であった。かれは光秀とともに本能寺《ほんのうじ》で織田信長《おだのぶなが》を討ったあと、山崎《やまざき》の合戦で豊臣秀吉《とよとみひでよし》（当時は羽柴《はしば》姓）と戦って敗れ、磔《はりつけ》に架けられている。

その娘お福こと春日局は京へ流れ、小早川秀秋《こばやかわひであき》家を退去して浪人していた稲葉《いなば》正成《まさなり》の後妻となって男児ふたりを出産。京都所司代の職にあった板倉勝重《いたくらかつしげ》が、家光誕生を受けて乳母を募集したとき、これに応じて採用され、三千石を拝領する身となったのだという（『玉輿記《ぎょくよき》』）。

このような春日局の歩みのなかで、もっとも注目すべきは父が明智光秀の家老だったという事実だ。信長と家康とは織田・徳川同盟でむすばれていたから、信長を裏切った光秀とその家臣団は家康にとっても憎むべき敵だったはずである。

そんな敵の娘を孫の乳母として雇い入れ、その娘が父の恨《うら》みを晴らそうとして家光の寝首を掻《か》いたらどうなるのか。なぜ家康が春日局を家光の乳母として採用したかを考えるとき、いつも問題にされるのがこの点である。

よく知られているように、家康は石橋を叩《たた》いてわたる慎重居士であった。その慎重居士が盟友信長を殺した男の家老の娘を採用したという事実は、なにか裏があったと考えない限り説明がつきにくいのだ。

そこで想像をたくましくし、稲葉正成の後妻となった春日局はいずれかの段階で家康の側室のひとりになっていた、と考えてみる。そして懐妊《かいにん》した子が家光だった。家康は生まれた家光を秀忠・お江与の方に実の子として育てさせることにし、春日局を乳母という名目でつけてやった、と仮定すると話が通じるように思われるのだ。

このような仮定に立てば、秀忠・お江与の方夫妻が幼い家光を疎《うと》ましく思いつづけ、忠長を三代将軍職につけようとしたのももっともなことだったと感じられるではないか。

ちなみに春日局の弟斎藤助右衛門《すけえもん》は、元和《げんな》元年（一六一五）、姉の縁によって徳川家に召し出され、二千石取りの旗本《はたもと》となった。そのせがれ左近《さこん》は三千石を加増されて五千石、さらにそのせがれ宮内《くない》は五代将軍綱吉《つなよし》の代に千石を加増され、六千石となった。

さらに春日局の前の夫だった稲葉正成の人生を眺めると、これも異様なほど出世している。慶長《けいちょう》十二年（一六〇七）に召し出されて一万石の大名となり、元和四年越後《えちご》糸魚川《いといがわ》藩二万石、寛永《かんえい》四年（一六二七）、すなわち家光の治世五年目には下野真岡《しもつけもおか》藩四万石へ移封された。

さらに稲葉正成と春日局の間に生まれていた稲葉正勝《まさかつ》は、慶長九年、わずか八歳にして家光の小姓に採用され、将軍の乳兄弟として出世街道を歩んでいった。その禄高は、初め五百石と月俸二十人扶持《ぶち》。その後、千五百石、三千石、五千石と加増されて一万石取りとなり、父の正成の遺領である下野真岡を相続して四万石へ。ついで寛永九年には、相模小田原《さがみおだわら》藩八万五千石へ転封されている。

徳川将軍家に乳母として採用された者は夫と離縁し、一生を大奥で過ごさねばならなかった。稲葉正成の場合は、妻春日局を徳川家に差し出した代償（手切れ金代わり）として旗本に名をつらねたわけだが、その正成が最後には四万石、せがれの正勝が八万五千石の大名に出世したのは尋常ではない。これも春日局がただの家光の乳母ではなく、実は生母だったからこそ実現できた人事だった、と考えると説明がつくように思われるのだ。

なお『幕府祚胤伝《そいんでん》』という史料は歴代将軍の妻妾《さいしょう》と子供をリストアップしたものだが、家康の項には十六人の妻妾の姓名が記され（もちろん春日局はふくまれず）、その末尾に謎めいた註記《ちゅうき》がある。

「右之《みぎの》外《ほか》寵幸《ちょうこう》を被《こう》むりし　顕婦《けんぷ》これ有る由」

顕婦とは名のある女性ということだから、あるいはこれも〈春日局＝家光の生母説〉を匂わせているのかも知れない。

江戸城天守閣は再建すべきか

あれは二、三年前のことだったか、東京の新しい観光スポットとして旧江戸城（現・皇居）の天守閣を再建しようという声のあることが、『読売新聞』のコラムで紹介されていた。本稿では、歴史的に見てこのような意見が妥当なものなのかどうかを吟味《ぎんみ》してみたい。

江戸時代の初期に、江戸城天守閣は三度建造されたことが知られている。

〈第一の天守閣〉慶長《けいちょう》十一年（一六〇六）、二代将軍徳川秀忠《とくがわひでただ》が建立。

〈第二の天守閣〉元和《げんな》八年（一六二二）、秀忠が改築。

〈第三の天守閣〉寛永《かんえい》十四年（一六三七）、三代将軍家光《いえみつ》が改築。

こう見ればわかるように、〈第一の天守閣〉は十六年間、〈第二の天守閣〉は十五年間しか保《も》たなかった。〈第三の天守閣〉は地上百九十尺（五七・六メートル）の高みに一対の金鯱《きんこ》をまばゆく輝かせる江戸で一番高い建築物であったが、建てられて二十一年目の明暦《めいれき》三年（一六五七）一月に発生した明暦の大火（別名、振袖《ふりそで》火事）の際に、江戸城本丸、二の丸とともに焼失してしまった。

この時の将軍は、四代家綱《いえつな》である。西の丸へ避難していた家綱は本丸の再建に取りかかり、落成した本丸へうつったのは大火から二年半以上を閲《けみ》した万治《まんじ》二年（一六五九）九月五日のことであった。

江戸城天守閣は徳川政権のシンボルだから、家綱の幕閣たちはこれに先立つ明暦三年九月までに〈第四の天守閣〉の建造を決定。九月二十七日、加賀《かが》藩第五代藩主前田《まえだ》綱紀《つなのり》にその土台となる天守台の普請を命じた（『加賀藩史料』第参編）。

まもなく天守台の着工期日は来年三月十四日と定められたため、加賀藩の本郷邸には加賀・越中《えっちゅう》・能登《のと》三ヵ国の領土から四千人の石工《いしく》が呼び集められた。

当時すでに残骸《ざんがい》と化していた天守台は、天守が大小ふたつあったため、大天守台が高さ七間《けん》半（一三・六メートル）、面積二十一間（三八・二メートル）四方、小天守台は縦十八間（三二・八メートル）、横十二間（二一・八メートル）の規模で造られ、いずれも全体を伊豆《いず》から切り出してきた伊豆石で固められていた。

今回はこの伊豆石をより耐火性にすぐれた御影《みかげ》石に替えることに主眼が置かれたのだが、かつて私はこの工事風景を以下のように描いたことがある。

「しかも利常《としつね》（綱紀《つなのり》の祖父、加賀藩第三代藩主）は（略）、人足たちのために特別あつらえの装束《しょうぞく》を配っておいた。本来なら帯に用いる西陣織《にしじんおり》の羽織《はおり》を五百枚、派手な伊達染《だてぞめ》のかたびらを数千人分、絞り染めの手ぬぐいは数知れず。

三月十四日の工事初日、これら人目を驚かす華やかな装束を着けて集まった数千人のほかに、印半纏《しるしばんてん》姿の加賀藩出入りの鳶《とび》の者が二千人以上、木遣《きやり》を歌って人足たちを励ますのが専門の木遣師六人がそろってあらわれ、天守台のまわりは祭のようなにぎわいとなった」（『われに千里の思いあり』下巻、文春文庫）

この工事がまだつづいていた明暦四年（一六五八）七月二十三日に年号は万治《まんじ》と改元され、前田綱紀は将軍輔弼《ほひつ》役をつとめている会津《あいづ》藩主保科正之《ほしなまさゆき》の娘松《まつ》姫を娶《めと》った。綱紀は十六歳、松姫あらためお摩須《ます》の方は十一歳。

綱紀が婚礼当日も七つ刻《とき》（午後四時）まで天守台の普請《ふしん》場に詰める熱意を見せたためか、天守台の工事は九月末日に無事完了となった。

さて、天守台が完成した以上、つぎにはその上に〈第四の天守閣〉が建てられる運びとなった、と考えてかまわない。記録には見えないが、前田綱紀が加賀百万石の財力によって天守台を建造したからには、天守閣の普請も綱紀に命じられるはずだったに違いない。

ところが綱紀を後見してきた祖父利常は、この年の十月十二日に死亡してしまった。享年六十六である。

利常はかねがね、

「加賀守《かがのかみ》（綱紀）のことは貴殿にまかせたい」

と保科正之にいっていたため、十月二十三日、将軍家綱は台命《たいめい》（将軍の命令）を発して正之に綱紀を後見させることにした（『加賀藩史料』第参編）。

二代将軍秀忠の庶子、三代家光の異母弟として生まれた保科正之は、甥《おい》の家綱の輔弼役をつとめながら岳父として綱紀の政治をも指導するというきわめて珍しい立場に置かれたわけである。

将軍輔弼役とは将軍を助けて幕政を見る役目だから、その意見には老中たちも従わねばならない。正之の判断はつねに迅速にして的確であり、三日三晩つづいて江戸を焼野原にしてしまった明暦の大火の直後には、家を失った町方の者たちには救助金として合計十六万両を、旗本御家人《はたもとごけにん》たちにも作事料を与えると即断したのも正之であった。

そのあまりの巨額に驚いた幕閣のなかには、

「それでは御金蔵がカラになってしまいます」

と反対する者もいた。

対して正之は、堂々と反論してみせた。

「惣《すべ》て官庫の貯蓄と云ふものは箇様《かよう》の時に下々へ施与し、士民を安堵《あんど》せしむる為《た》めにして、（支出は）国家の大慶とする所なり、むざと積置《つみおき》しのみにては、一向　蓄《たくわえ》なきと同然なり、当年の如き大火は古今不聞及儀《ききおよばざる》、早々（支出の命令を）発せらるゝ様致《いたし》度由《たき》」（『千載之松《ちとせのまつ》』）

大老酒井忠勝《さかいただかつ》、おなじく井伊直孝らは天守閣再建論者だったから、前田綱紀が天守台の工事をおえるや、

「では、いよいよ天守閣の普請をはじめよう」

と意気ごんだに違いない。

これに対する保科正之の反応は、『千載之松』の一節を現代語に訳して紹介しよう。ある日の閣議の席で、正之はこう発言した。

「かえりみまするに天守閣とは、織田信長《おだのぶなが》公の築きたまいし安土《あづち》城のものがはじまりだったのではござりますまいか。さりながら豊臣《とよとみ》家が大坂城に滅ぶまで、天守閣がいくさのおりに要害として役立った例は史書に見えませぬ。すなわち天守閣とは、そこ

に登りさえすればただ遠くまで見えるというだけのしろもの、大火後の公儀の作事《さくじ》がさらに長引くならば、下々の暮らしむきの障《さわ》りになるやも知れず、いまはかようの儀に国家の財を費やすべき時にあらず」

歴史上の名文句とは、このようなせりふのことをいう。

思うに保科正之は、大坂夏の陣以来四十年以上も平和な時代がつづいたからには江戸城に天守閣は不要とみなし、武備よりも「下々の暮らしむき」すなわち民政を重視する〈小さな政府〉を志向していた。結果として幕府は幕末まで天守閣を再建することなくおわったから、今日の皇居の内に天守台はあっても天守閣が存在しないことは、四代家綱以後の歴代の将軍の平和主義を象徴的に物語るものなのである。

しかるに、あらたな観光スポットとして天守閣を再建しようという意見には、残念ながら右に紹介したような先人の叡知《えいち》がまったく考慮されていないのではあるまいか。

思えば幕府は明治新政府軍に対しても、慶応《けいおう》四年（一八六八）四月十一日に江戸城の無血開城に踏み切り、江戸っ子たちを戦火から守りぬいた。天守閣が再建されなかった事実こそ平和主義的精神の発露なのだから、その再建などを考える必要はない、というのがこの問題に対する私の結論である。

殿中刃傷《にんじょう》事件・豊島明重《としまあきしげ》の場合

江戸時代に「殿中《でんちゅう》」といえば、江戸城内という意味である。より厳密に表現すれば江戸城本丸ないし西の丸の表御殿という諸大名の登城する殿舎《でんしゃ》のことだが、この殿中では合計八回の刃傷事件が発生した。

そのうちもっとも名高いのが第三回目、すなわち元禄《げんろく》十四年（一七〇一）三月十四日に起こった、播州《ばんしゅう》赤穂《あこう》藩主浅野《あさの》長矩《ながのり》による吉良《きら》義央《よしなか》襲撃事件であることはいうまでもない。

では殿中刃傷事件の最初の例は、どのようなものだったのか。それは寛永《かんえい》五年（一六二八）八月十日に発生した、目付《めつけ》豊島明重による老中《ろうじゅう》井上正就《いのうえまさなり》斬殺事件だ。当時の徳川《とくがわ》将軍は三代目の家光《いえみつ》だから、この事件はその正史『大猷院殿御実紀《たいゆういんでんごじっき》』同日の項に記述された。以下の引用文に豊島信満《のぶみつ》として登場するのが明重のこと、と思って読んでいただきたい。

「目付豊島刑部少輔《ぎょうぶしょうゆう》信満（注略）西城（西の丸）に於《おい》て遺恨《いこん》あるよしいひて。不慮に宿老井上主計頭《かずえのかみ》正就を刺殺す。小十人《こじゅうにん》番士青木《あおき》久左衛門《きゅうざえもん》義精《よしきよ》馳来《はせきたり》て。刑部少輔信満をいだきとめしが。其《その》身も深手負《おい》て営中にて死す」

遠州横須賀《えんしゅうよこすか》五万二千五百石の藩主だった井上正就は、享年五十二。平安末期からつづく名族豊島氏の当主で、幕府から千七百石を受けていた豊島明重は享年五十であった。あけて十一日、幕府は明重の罪を咎《とが》めてその長男継重《つぐしげ》十四歳を切腹させたので、豊島家はここに断絶となった。

しかし、上記の記述から豊島明重が井上正就に「遺恨」を抱いていたことはわかるものの、具体的にそれがどのような「遺恨」だったのかはっきりしない。

そこで『大猷院殿御実紀』をもう少し読んでゆくと、同年十月七日の項につぎのようにある。

「大坂町奉行兼堺 政所《さかいまんどころ》 島田越前守直時《しまだえちぜんのかみなおとき》頓死《とんし》し。その子小姓《こしょう》刑部少輔直次《なおつぐ》家をつぐ。（寛永系図）（江戸年録に自殺して子細知れずとあり。一説に豊島刑部少輔信満。井上主計頭正就を刃殺に及びし恨《うらみ》の事に関係せりともいふ。以下略）」

「堺政所」とは堺奉行のことで、島田直時はこの職と大坂町奉行とを兼務していたのである。直時の死は豊島明重の起こした刃傷事件となにか関係がありそうだが、これもこの記述だけでははっきりしない。

私がこの刃傷事件に関心を寄せたのは、地方紙十二紙に『名君の碑《いしぶみ》　保科正之《ほしなまさゆき》の生涯』（文春文庫）を並行連載していたときだから平成八年（一九九六）か九年のことであった。以来ずっとこのことが気持に引っ掛ったまま今年を迎え、ある古書目録を眺めていると、豊島美王麿《みおま》著『豊島刑部少輔明重　江戸城刃傷の嚆矢《こうし》』という本が二千八百円で売られていた。

私が喜んでこの本を購入したのはいうまでもない。同書所収「豊嶋家系図」によると著者美王麿氏は明重の弟重久《しげひさ》からかぞえて八代目の当主であり、昭和三十二年（一九五七）が東京開都五百年祭にあたることから同書の編纂《へんさん》を思い立ったのだという。奥付《おくづけ》によると同書は非売品であり、限定五百部が昭和三十三年五月二十五日に発行されている。私はそのうちの一冊を、刊行から五十二年目に入手できたことになる。

そして結論だけをいえば、私は豊島美王麿氏が関係史料を博捜して執筆した同書によって、この殿中刃傷事件の全貌をようやく知ることができた。そこで本稿ではその概容を紹介し、読者のみなさんの御参考に供したい。

なお以下の記述には、美王麿氏の文章に私なりの解釈も少し混じっていることをおことわりしておく。

さて、事の発端は豊島明重が仲人《なこうど》となり、老中井上正就の長男正利《まさとし》と大坂町奉行兼堺奉行島田直時の娘の縁談をまとめたことにあった。井上家は前述のように五万二千五百石の大名、大坂町奉行は千五百石高に役料として六百石が加算される。すなわちこれは、島田直時にとっては願ってもない縁談だったことになる。

しかし、この話を聞いた家光《いえみつ》の乳母《めのと》お福《ふく》の方（のちの春日局《かすがのつぼね》）が井上正就を呼び出した。

お福の方が、

「上意」

と称して正就の長男正利は出羽《でわ》山形《やまがた》二十四万石の藩主鳥居《とりい》忠政《ただまさ》の娘と結婚するよう命じると、正就はこれを承諾してしまったのだ。

ついで正就は豊島明重に対し、島田家との縁談はなかったことにしてほしいと申し入れた。そのときの明重の反応と行動を美王麿氏はつぎのように描いている。

「豊島は啞然《あぜん》としたが、『何故《なにゆえ》に上意なればとて、井上は強く仔細を言上せざりしか、しかれば上意とても押して仰付《おおせつ》けはなかりし筈なるに、反《かえ》つて上意を楯《たて》に、小身の島田より大身の鳥居の娘に見換え、自己の栄華をはかることを専《もつぱ》らのために、吾《わ》が面目を傷つけ、また島田に恥をかかして何ら憚《はばか》らぬ井上の不埒《ふらち》極まる態度は、もはやこのまゝには寸刻も捨ておけぬ』と、まつたく激怒してしまつた。豊島は、早速大阪《ママ》の島田に飛脚《ひきやく》をもつて、破談の申込みを知らせるとともに、自己の不明を多々詫《わ》びて、かつ堪忍なりがたき旨を申送つた」

豊島明重が井上正就に殺意を抱いた理由が、みごとに解明されているのに驚かされる。

殿中で刃傷沙汰を起こした者は、その場で討ち果たされるか切腹を命じられるかふたつにひとつ。明重はすでに死を覚悟して自分の決意を妻と継重に伝えてあり、かれが寛永五年八月十日に芝田村町《しばたむらちよう》の屋敷から登城するとき、妻子は玄関で、

「御首尾良く」

と健気《けなげ》にいって見送ったという。

ついで未《ひつじ》の刻《とき》（午後二時）、明重は西の丸の殿中で、

「武士に二言はない」

と叫んで井上正就を刺殺。

「殿中でござる、お静まりなされ」

と背後から抱き止めた青木《あおき》義精を大刀によって自分の腹ごと田楽刺《でんがくざ》しにし、ともに

倒れて絶命した。青木に致命傷を与えてから番士たちに斬られたともいうが、いずれにせよ明重は武士の意地によって井上正就を討ったのである。

最後に、島田直時がなぜ死んだかという問題も眺めておこう。

かれは明重から詫び状を受け取った時点で、

「豊島に間違いがあってはと心配し、けっして構わぬようにと返事していたところへ、行違いに豊島が殿中で刃傷したとの報せを聞いたので、申訳なしとて自分もたゞちに切腹して相果てた」

と美王磨氏は書いているが、事件発生は八月十日、島田直時の死はすでに見たように十月七日のことだから、「たゞちに」とはいえない。

同書所収の『東武美談』という史料によると、当時かれは病気になって養生生活を送っていた。明重が殿中で刃傷に及んだと聞いたとき、かれは明重をひとり死なせては武士の恥と考えたのだろう、切腹をこころみて傷口から腸《はらわた》がはみ出た。

だが、それに気づいた家族が外科医を呼び、腸を元の位置に押しこんで薬を塗り、腹巻を巻いたので一命を取り留めてしまった。家族はかれがふたたび切腹するのを恐れ、大刀と脇差《わきざし》を隠した。

これらのことを無念に思った島田直時は、隙を見て腹巻を取り去り、息んで腹の傷口がひらくようにした。つづいて傷口に手を入れて腸を引き出し、明重に殉《じゅん》じたのである。

家族はかれを病死と届け出て認められたため、せがれの直次は無事に島田家を相続することができた。

事の真相をようやく知ることができたのは、まことにありがたいことであった。

江戸時代の名裁き三例

最近の新聞報道によれば、裁判員制度が無事にスタートしたそうで大変結構なことではある。それを記念して、というほど大層なものではないが、今回は私が史料を読む暮らしをするうちに印象に残った江戸時代の名裁きをいくつか紹介しよう。

まず最初は、徳川《とくがわ》三代将軍家光《いえみつ》のもとで江戸の南町奉行をつとめた加々爪忠澄《かがづめただすみ》が担当した裁判。訴えられたのは甲斐国《かいのくに》の浪人梶原伝九郎《かじわらでんくろう》、訴え出たのはその弟であった。理由は、兄は切支丹《キリシタン》だというもの。

加々爪忠澄が評定所でふたりを対決させたところ、梶原伝九郎は罪を認めたので入牢《じゅろう》を命じられた。その姿を見送った弟は、はらはらと涙を流した。

この時代にキリスト教は禁制であり、切支丹を訴え出た者には賞金が与えられることになっている。というのに、主張を認められた弟が落涙するとはどういうことか。

奇怪に思った加々爪忠澄が甲州《こうしゅう》の役人たちに調査させてみると、梶原伝九郎は切支丹ではなかった。しかし、かつて武田勝頼《たけだかつより》に仕えた梶原家は武田家滅亡後は赤貧にまみれ、伝九郎は老いたる父母を養いきれなくなっていた。そこで弟にいいふくめて自分を切支丹と訴えさせ、弟に与えられるであろう賞金で父母を養わせようとしたのである。

そうと知った加々爪忠澄は、伝九郎の孝子《こうし》ぶりにすっかり感心。家光にこれを報じたところ、家光も胸を打たれて伝九郎に金を与えることにした。

反響は、それだけではなかった。家光の異母弟で山形二十万石の藩主になっていた保科正之《ほしなまさゆき》（のち会津《あいづ》藩主）も伝九郎の孝心を愛《め》で、伝九郎を藩士として召し抱えることにした（『家世実紀』寛永《かんえい》十九年〈一六四二〉五月一日の項）。この時代には人情紙のように薄い現代と違って、孝行者を表彰するというなかなかよいシステムがあったのだ。

三代家光、四代家綱《いえつな》に仕えた名老中《ろうじゅう》松平伊豆守信綱《まつだいらいずのかみのぶつな》は、すばらしく頭の切れる人物だったので伊豆守という受領名に引っ掛けて「知恵伊豆」（知恵出ず）と渾名《あだな》された。

松平信綱は寛永十年（一六三三）三月二十三日から若年寄の前身である六人衆のひとりに登用され、同年五月五日に武蔵忍《むさしおし》藩三万石を立藩して老中に指名されるのだが（のち川越《かわごえ》藩主）、これはまだ信綱が六人衆のひとりだった時期のこと。ある後家が、娘の縁談がこじれたことを評定所へ訴え出た。

『事語継志録』という信綱の伝記史料によれば、この訴訟を担当したのは老中土井利《どいとし》勝《かつ》。その面前で後家の主張したところは、つぎのようなものであった。

後家は十五歳になる娘を大切に育てていたが、ある人物（仮りにAとする）が縁談を持ってきたので聞いてみると、相手は浪人ながら人徳ある者で年齢は十七、八歳だという。ところが、後家がこの縁談を承諾すると、相手は実は三十歳だ、とAは前言を翻《ひるがえ》した。

母娘はにわかに気乗り薄になったが、Aは十五歳の娘に三十歳の聟《むこ》は決して年寄とはいえないと主張する。そうこうするうちに、聟は本当は三十五歳だとわかったものだから後家は怒った。

「せめて倍の年ならよいものを、三十五歳とは私を後家だと思って馬鹿にしているに違いない。絶対に、娘はやらない」

いわばこれは、婚約を解消したいという訴えだったわけである。土井利勝がどう対応していいかわからず困っていた時、かたわらににこにこしていたのが松平信綱。土井利勝がなにかいい考えがあるのだろうと思って信綱に裁きを一任すると、まず聟が自分の立場を陳弁した。

「私は年齢を偽る気はまったくありませんでした。Aが誤ったことを先方へ伝えたのは私の咎《とが》ではなく、縁組が決まってからこのようにとやかくあっては面目を失ってしまいます」

これには、後家が口をはさんだ。

「すでに申しましたように、娘のちょうど倍の年なら娘を嫁がせますが、三十五歳とあっては話が違います」

それを聞いた信綱は、

「申しよう、まことに道理」

とうなずき、まず後家に「娘の倍の年なら嫁がせる」という内容の証文を書かせた。それから、おもむろに裁決を下した。

「聟は、祝言を挙げるまで五年待つべし。五年たてば十五歳の娘は二十歳《はたち》、三十五歳の聟は四十歳。ちょうど倍の年になるではないか」

この実に明快な判定に土井利勝はすっかり感心し、Aは大いに喜んだ（小著『知恵伊豆と呼ばれた男　老中松平信綱の生涯』〈講談社文庫〉参照）。

ちなみにこの男女は本当に五年待って夫婦になったというのだが、これはいささか出来過ぎた話のような気がしないでもない。

最後は天保十二年（一八四一）四月から十二月まで、加々爪忠澄とおなじく江戸の南町奉行をつとめた矢部定謙《やべさだのり》の名裁きを眺めよう。この人にはみごとな裁きが多いので、そのあらましは長篇小説『天保暴れ奉行　気骨の幕臣矢部定謙』（中公文庫）に紹介しておいた。だから以下の話は同作とダブってしまうが、まあそれはお許しいただく。

さて吉原《よしわら》のさる遊女屋で働いていた女郎のなかに、貧しい農民の十九歳になる娘がいた（仮りにB子とする）。ところが、その父が大病を患《わずら》ったので年季を増して五両を送ってほしい、と母がB子に頼みこんできた。

しかし、主人の六兵衛は金を貸してくれない。父のことが心配でたまらなくなったB子は、この店に火をつけて焼いてしまえば外へ出られるし、父にも会えると考え、店に放火。火はまもなく消し止められたが、B子は放火犯として矢部定謙の吟味《ぎんみ》を受けることになった。

幕法のもとでは、放火犯は火刑（火焙《ひあぶ》り）に処されることになっている。だが、矢部定謙はB子の父思いの心情を奇特と感じ、B子を火刑に処しはするものの幕府から五両を貸してつかわす、と宣言した。これをありがたいことと思ったB子が、

「速《すみやか》に刑に行ひ下さるゝ様に」（岡谷繁実《おかのやしげざね》「矢部駿河守《するがのかみ》の裁判」、『名家談叢』第六号）

と願うと、矢部定謙は答えた。

「それは今直《す》ぐには行ふ事は出来ぬ、政府より貸したる金があるから皆済《かいさい》にならぬ中《うち》は刑に行ふ事はならぬ、返金済《ずみ》の上は刑にする、其《そ》れまでは親類に預ける、年に一朱づゝ返せ、返金相済めば国法に行ふぞ」（同）

一朱とは一両の十六分の一の額面だから、五両の借金につき年に一朱を返済してゆくと、全額を支払いおわるのにかかる期間は、なんと八十年！

八十年後にB子は九十九歳になる勘定だから、まずこの世に生きてはいないだろう。要するに矢部定謙はB子に五両を貸し与え、その五両の返済を待って火刑に処するという名目のもとにB子の命を助けてやったのである。「其れまでは親類に預ける」とは、B子を吉原での女郎の暮らしから助け出すという意味合いでもあるから、まことに情深い判決ではあった。

今日も『名将言行録』の著者として知られる岡谷繁実は、右の名裁きを紹介したあとに自分なりの感想を書き添えている。

「旧幕の法は今と違つて死物ではない、火焙の費用も省き親孝行を助け、其れで法が曲ツて居らぬ、（矢部定謙は）其れ位に手の利きたる人にてありしなり」

矢部定謙が南町奉行だったころ、北町奉行だったのは「遠山《とおやま》の金さん」こと遠山景《かげ》元《もと》である。こちらはテレビドラマなどで有名になったが、実のところは矢部定謙の方が金さんよりはるかに名奉行であった。

「知恵伊《い》豆《ず》」の夫婦愛

歴史小説を書くために各種の史料を読んでいて、口惜しくなるのは女性の名前をどうしても確定できないケースだ。

「知恵伊豆」こと松平伊豆守信綱《まつだいらいずのかみのぶつな》といえば、徳川《とくがわ》三代将軍家光《いえみつ》、四代家綱《いえつな》に老中《ろうじゅう》として仕え、天草《あまくさ》・島原《しまばら》の乱や由井正雪《ゆいしょうせつ》の謀反《むほん》計画をみごと鎮圧《ちんあつ》した人物として名高い。この信綱の正室《せいしつ》にしても「室は井上主計頭正就《いのうえかずえのかみまさなり》が女《むすめ》」としか、『寛政重修諸家譜《かんせいちょうしゅうしょかふ》』に書かれていないのだから物書き泣かせなことではないか。

そこで私は長編小説『知恵伊豆に聞け』（文春文庫）を書くにあたり、作中では信綱夫人をお智香《ちか》と名づけてストーリーを展開していった。

では信綱とお智香とは、どのような仲だったと設定すればよいのか。つぎに問題になるのはこの点だったが、上述の史料によると夫妻の間には五男四女が生まれている。しかもこれら九人の子が誕生する間に側室《そくしつ》が子を産んだ形跡はないので、信綱は正室を深く愛するあまり側室を置いてはいなかったと考えられる。

とはいえ、夫婦はいずれどちらかがどちらかの死を看取《みと》らなければならない運命にある。その死別の場面をどのように書くべきなのか、と思い悩みながら、ある日私は埼玉県新座《にいざ》市野火止《のびどめ》の平林寺《へいりんじ》を訪ねた。川越《かわごえ》藩主だった信綱の墓所がここにあることは知っていたから、ここへゆけば正室の没年も確認できると考えたのだ。

夫婦一対の五輪塔《ごりんとう》に刻《きざ》まれた文字から判明したふたりの戒名《かいみょう》と没年は、左のようなものであった。

松平信綱こと松林院殿乾徳全梁大居士《しょうりんいんでんけんとくぜんりょうだいこじ》は、寛文《かんぶん》二年（一六六二）三月十六日没。

その正室こと隆光院殿太岳静雲大姉《りゅうこういんでんたいがくせいうんだいし》は、寛永十三年（一六三六）三月七日没。

なんと正室は、信綱より二十六年も早く死んでいるではないか。六十七歳まで生きた信綱は四十一歳で愛妻と死別した計算になるから、名前ばかりか生年も不明の正室はまだ三十代後半の若さだっただろう。

五男四女を残して先立つ妻もつらいが、見送る夫も哀しくないわけがない。私はそんな感慨にふけりながら十三万坪にも及ぶ平林寺境内を散歩したものだったが、もともとこの寺は武州埼玉郡岩槻《ぶしゅうさいたまごおりいわつき》にあった。信綱は松平家墓所のあるこの寺を生前に川越藩領の野火止に移そうとして果たさず、夫妻の長男輝綱《てるつな》の代になってようやくその宿願が叶《かな》えられたといういわれがある。

それにしても信綱は、早く死んだ愛妻とともになぜ野火止に眠りたかったのか。かれがこの地に野火止用水を引いたことも、その理由のひとつだったかも知れない。しかし私は、以下のように考えたくなった。

古来、野火止には野火（あるいは野焼きの火）を監視するための「野火止塚」が置かれていた。王朝の世には在原業平《ありわらのなりひら》もさる女性をつれて野火止へ逃れてきたという伝承があり、『伊勢《いせ》物語』第十二段にはつぎのような歌も載せられている。

武蔵野《むさしの》はけふはな焼きそ若草のつまもこもれり我もこもれり

当時の武家の女性は、嫁《とつ》ぐ時には『万葉集』『古今《こきん》和歌集』などとともに『伊勢物語』もかならず持ってゆくのが常識とされていた。だから信綱夫人も、この歌を確実に知っていた。そしてそれは、信綱もよく承知していることだったと考えるとどうなるか。

信綱は夫人の死後もその面影を忘れられず、武蔵野の一角に「つまもこもれり我もこもれり」という形で来世をもともにすることを晩年の願いとした。かねがねその希望を聞いていた輝綱は、仲睦《なかむつ》まじかった父母のためその願いを叶えるべく奮闘した。

ものいわぬ一対の五輪塔と林の深い平林寺の静かなたたずまいから、私の読み取ったのは以上のようなことでもあった。

三十三間堂《さんじゅうさんげんどう》の「通し矢」裏話

弓道の達人が三十三間堂におもむいて「通し矢」を試みる、という話は江戸時代にはよくあった。

一般に三十三間堂と呼ばれるのは京都東山《ひがしやま》の蓮華王院《れんげおういん》の本堂（文永《ぶんえい》三年〈一二六六〉再建）と、これを模して江戸深川《ふかがわ》に建てられたおなじ名称のお堂のこと。三十三間堂というと横幅（左右）が三十三間（六〇メートル）あるお堂のことと思う向きもあるかもしれないが、そうではない。

「観音《かんのん》群像の並ぶ内陣の柱間が33あるところから、三十三間堂の名で広く知られている。実際には六十六間あるという」（『交通公社の新日本ガイド　京都』、蓮華王院の項）

「通し矢」あるいは「通り矢」とは、この六十六間（一二〇メートル）を射通す矢を何本発射できるかを競うことをいうのだ。京の三十三間堂で新記録を樹立した者は「天下一」とみなされてその名札を神前に掲げられ、江戸で記録を更新した者は「江戸一」と称されてやはりおなじ名誉に浴した。

では、どこのだれが記録保持者だったのかというと、貞享《じょうきょう》三年（一六八六）に紀州《きしゅう》和歌山《わかやま》藩士和佐大八郎《わさだいはちろう》が一昼夜に八千百三十三本の矢を射通した、という記録が蓮華王院にあるそうだ。大坂冬の陣・夏の陣がおわって以降、侍たちは戦場で武功をあげて出世する道を閉ざされてしまった。だから、このような腕競べに人気が集まったのだろう。

しかし、これはいやに金のかかる競技でもあった。それはひとつには、家臣のだれかに新記録を樹立させようとする大名がふえたことに原因がある。大名たちは、これと見こんだ家臣に藩費を与えて稽古《けいこ》に打ちこむよう命じた。そこで選ばれた射手は弓師、矢師などを雇いきりにして三十三間堂におもむき、数十日間の稽古をするのだが、それには弓が三十張り前後、矢が一万本以上必要とされた。矢はそのすべてを射てみて、空中で変にカーブしたりする癖のあるものは取り除くのだ。

そして当日は幕府に届け出て桟敷《さじき》を設け、縦覧人《じゅうらんにん》（見物人）を招き入れた。見物するのは無料ではなく、「見舞《みまい》」と称してひとりが金一朱《しゅ》（六百二十五文《もん》）ないし二朱を差し出すと、引き換えに食券が与えられた。縦覧人たちはその食券によってすでに店開きしている茶店で酒や弁当を求め、飲み食いしながら「通し矢」を見物するのである。

「藩侯よりは使番来《つかいばんきた》り居《おり》て千矢ごとに馬を馳せ、通り矢を藩侯に報じ、夜に入れば数所（数ヵ所）に篝火《かがりび》を点ずる等初め稽古の時よりは巨多の費用にて、悉皆《しっかい》（ことごとく）藩侯の用途より支弁することなれば小諸侯のなし得べきにあらず」（小川渉『志ぐれ草紙』）

ところでこの縦覧人や使い番の者はどこに控えるのかというと、射手のからだの右うしろである。両だすき姿の射手の右側には矢師が身を屈《かが》めていて、射手が一矢を射るごとにつぎの矢をその右膝《みぎひざ》あたりに差し出す。射手は右手だけを動かしてこれを受けとり、きりきりと弓を引きしぼることをいつ果てるともなく繰り返すのだ。

堂の反対側、つまり矢が飛んでくる側には矢視役《やみやく》という者が控えているのだが、「矢視役は矢先の高き処に居て」と『志ぐれ草紙』にあるのは、正面に仁王立《におうだ》ちしていたりしたら自分が矢に射抜かれてしまう恐れがあるからだろう。ともかく矢視役は矢の飛来するのを待ち、矢がきちんと通った時には、

「ヨイキター」

と叫んで采配《さいはい》を振り、一矢ごとに帳簿につけて数をかぞえた。「ヨイキター」は

「能《よ》く来《き》たりし」の意味だそうだが、矢が通ったか通らなかったかの判定はかなり厳格で、堂のまわりに張り出している回廊《かいろう》の部分を矢羽根が掠《かす》った場合、これはカウントされない定めだった。

和佐大八郎の場合も、おそらくこのようにして八千百三十三本の「通し矢」に成功したのであろう。

しかし、そのための稽古には前述のように弓矢の製作からはじめねばならないのだから、金がかかる。

「費用は当時にありて七、八百両を費やすとのことなれば容易ならぬなり」

とは『志ぐれ草紙』の寸評だが、貞享三年の江戸の米価は一石につき金〇・八六両(「近世米価一覧」、『日本史総覧』Ⅳ所収)。京都の米価を江戸とおなじと仮定すれば、和歌山藩は和佐大八郎の「通し矢」に、米が八百十四石ないし九百三十石も買える金額を注《つ》ぎこんだことになる。

和歌山藩は五十五万五千石の大藩ではあるが、そうたびたびこんなことに散財していては金がいくらあっても足りなくなる。そこでその初代藩主徳川頼宣《よりのぶ》(一六〇二―七一)は、星野勘左衛門《ほしのかんざえもん》という藩士が二度「天下一」になろうとして失敗すると、もう三度目の挑戦は許さなかった。

これは時代的には和佐大八郎の「通し矢」より前のことのようだが、ともかく星野勘左衛門はこれを口惜しく思い、あえて浪人生活に入った。浪人として「通し矢」をこころみるなら藩主が使い番を派遣する必要もないから、費用が安くあがる。

「惣矢一万本　通り矢八千八百八十八本」

と勘左衛門が弓矢八幡にちなむ八並びの数字を目標数として掲げたのは、これが当時の「天下一」の数字を上まわるためだったのだろう。

名の伝わらないその母親も気丈な性分だったらしく、いよいよ勘左衛門が蓮華王院におもむいて「通し矢」を開始した朝、その前方に座ると抜き身の脇差《わきざし》を回廊の一角に突き立てて試技を見守った。これは、もしも勘左衛門の「通し矢」が目標数に達しなかったなら、その場を去らせず刺し殺すとの意思表明にほかならない。

「すごい婆《ばあ》さんだなあ」

という声が聞こえてきそうだが、江戸時代の武家にこういう女性は珍しくなかった。

母の気迫が乗り移ったのか、勘左衛門は三度目の正直で「天下一」の称号を手にすることができた。その時の母親の様子を、『志ぐれ草紙』はつぎのように描き出している。

「母はその時朝に坐したるまゝ起《た》ちもせず、射終はりて起ちしに坐しながら溺尿《できによう》しゐしとぞ」

すでに触れたように、一万本も矢を射るには一昼夜かかる。その一昼夜いっさい席を立たなかったこの母親は、いわゆる座り小便をしながら勘左衛門を見守っていたわけである。

勘左衛門が「天下一」の称号を得たと聞いて、徳川頼宣はふたたびかれを藩士として召し抱えることにしたという。

しかし、このように「天下一」あるいは「江戸一」の称号を得ようとする者が続出すれば、目標数は天井知らずにふえていってきりがなくなってしまう。

そこで天保《てんぽう》年間（一八三〇—四四）のことか、幕府は諸大名と申しあわせてまことに日本的な結論を出した。これまでの記録より十五本多く「通し矢」に成功したものは、さらに射つづけてもかまわないが記録には算入しない、と決定したのである。

天保の末、江戸で「通し矢」を試みた杉立信吉《すぎたてのぶよし》という佐倉《さくら》藩士は、これまでの記録を塗りかえ、「江戸一」となって主張した。

「夜も明けず一昼夜を期したることなれば、腕力のあらん限りは射ざるを得ず」（同）

だが、矢視役がこの規則を守るよう強硬に主張したので、かれはさらに十五本以上「通し矢」に成功したのにそのプラスアルファ分は加算されなかった。日本人が国際的スポーツ大会で弱いのは、こんなところに遠因があるのだろうか。

田中玄宰《たなかはるなか》の構造改革

表高《おもてだか》二十三万石、実高《じつだか》二十八万石の会津《あいづ》藩が、もっとも繁栄したのは初代藩主保科《ほしな》正之《まさゆき》の時代である（寛永《かんえい》二十年〈一六四三〉山形《やまがた》藩より移封《いほう》され、寛文《かんぶん》九年〈一六六九〉引退）。

三代将軍徳川家光《とくがわいえみつ》の異母弟として生まれた正之は、家光の遺命によって四代家綱《いえつな》の将軍輔弼《ほひつ》役に就任。幕閣たちを指導しながら、会津藩に善政を布いた。

産子《うぶこ》殺し（間引《まびき》）と殉死《じゅんし》を禁止したこと、社倉《しやそう》を置いて飢饉《ききん》にそなえたこと、その社倉米を一種の基金とし、身分男女の別を問わず九十歳に達した者には終生一人扶持《ぶち》（一日につき玄米五合）を支給するという本邦初の国民年金制度を実行したことなどは、その一例である。

このようにして為政者が領民の幸せを考えてくれれば、人口が増加する。まだ正之が元気だった慶安《けいあん》元年（一六四八）から三代藩主で松平《まつだいら》姓に変わった正容《まさかた》の代になっていた延宝《えんぽう》八年（一六八〇）までの間に、農民人口は約四万八千人もふえた。活力のみなぎった農民たちが新田開発に打ちこんだため、藩は三万石もの増収となった。さる文書が誇らしげに書いているように、この時代の会津藩は、

「民勢さしい潮のごとく盛んなること」

といわれる繁栄を謳歌《おうか》したのだ。

しかし、輸出入のない鎖国の体制下にあっては、貨幣経済の浸透とともに物価が上昇するのは止むを得ない。それにつれて会津藩は赤字体質に変わり、五代藩主松平容頌《かたのぶ》の治世だった明和《めいわ》六年（一七六九）、その借入金総額は五十七万両にも達した。これは利子を無視し、藩の公費をすべて元本の返済に充《あ》てるとしても、完済するのに二十年以上かかる額である。

悪いときには、悪いことが重なる。天明《てんめい》三年（一七八三）七月の浅間山《あさまやま》の大噴火によって「天明の大飢饉《だいききん》」が発生した結果、会津藩領では疫病も流行し、翌年までの間に三千人近くが死亡した。並行してこの二年間で、藩は三十六万七千六百石もの減収となってしまった（会津史学会編『新訂会津歴史年表』）。

さらに由々しき問題は風儀《ふうぎ》が乱れ、子捨て、死体投棄、火つけ、米泥棒などの犯罪が頻発したことであった。会津藩がもし藩政改革をおこなうのであれば、それは財政改革から精神改革までをふくむものでなければならないことが明白になったのだ。

この困難な改革を懸命に推進したのは、国家老の田中三郎兵衛《さぶろべえ》玄宰（寛延《かんえん》元年〈一七四八〉～文化《ぶんか》五年〈一八〇八〉）。天明八年（一七八八）にスタートしたこの改革は「会津藩における寛政《かんせい》の改革」と呼ばれるもので、軍政、教育、行政、財政、司法のすべてを見直す大構造改革であった。

玄宰の教育を代表するのは、これまで西講所と東講所に分かれていて通学するのも不便だった藩校を統一キャンパスとし、あらたな藩校日新館《にっしんかん》を開設すると同時に藩士の子弟たちの全員入学制を定めたことであろう。

だが、それだけではない。玄宰は子弟が学齢に達する前の幼児教育こそ大事だと考え、日新館入学前の幼児たちを地域ごとに分けて「什《じゅう》の仲間」を作らせたばかりか、毎日その全員を当番の家に集めて「什の掟《おきて》」を復誦《ふくしょう》させることにした。

一、年長者のいうことに背《そむ》いてはなりませぬ。
二、年長者には御辞儀《おじぎ》をしなければなりませぬ。
三、虚言《うそ》をいうことはなりませぬ。
四、卑怯なふるまいをしてはなりませぬ。

五、弱い者をいじめてはなりませぬ。
六、戸外で物を食べてはなりませぬ。
七、戸外で婦人とことばを交わしてはなりませぬ。
ならぬことはならぬものです。

さらに玄宰は、主君松平容頌がこつこつと書き溜めていた忠臣孝子の逸話集を『日新館童子訓』と名づけて出版。家中の全戸に配布したばかりか、日新館の道徳の教科書としても用いることにした。玄宰はこうして、会津武士道の種を播《ま》いていったのである。

ただし、その改革は単なる精神論に終始するものではなく、藩の経済的基盤を安定させるべく地場産業の育成に取り組んだ点に、より大きな特徴がある。以下しばらく項目別に玄宰の指導したところを眺めてみよう。

〈朝鮮人参の専売〉　朝鮮人参は換金性の高い作物であり、松江《まつえ》藩はすでにこれを専売としてかなりの収入をあげていた。玄宰は小役人に二百両を与えて松江に出張させ、朝鮮人参の種を購入させることにより、その専売化に成功した。

〈**鯉**《こい》**の育成**〉会津の沼や川には、なぜか鯉が棲《す》んでいなかった。玄宰はおそらく江戸に滞在した時代に鯉料理を知り、あらゆる沼や川にその稚魚を放流させることによって鯉の甘煮《うまに》を名物料理とした。これは海の魚といえば塩鮭《しおじゃけ》しか知らなかった領民たちの、体位向上策でもあったろう。

〈**松茸**《まつたけ》**の育成**〉会津には、赤松林は多いのになぜか松茸が採れなかった。そこで玄宰は奈良《なら》奉行を介し、松茸の名所の土を土俵《つちだわら》に入れて会津へ搬入。東山その他の赤松林へその土を貼りつけさせたところ、朝鮮人参同様、換金性の高い松茸がたくさん採れるようになった。

〈**会津清酒の改良**〉会津は米どころであり、水もよい。というのによい清酒を作る技術が劣っていたので、玄宰は摂津《せっつ》の杜氏《とうじ》と播磨《はりま》の麴師《こうじし》を招聘《しょうへい》し、藩営の酒蔵を建造して酒造りを開始。「清美川《きよみがわ》」と名づけられたその酒は容頌も喜ぶ味となり、下野《しもつけ》方面にまで売り出されて人気を呼んだ。「会津清酒は奥州《おうしゅう》の灘《なだ》」という表現も、このころ生まれた。

〈**漆**《うるし》**の木の戸籍作り**〉会津は山国なので漆の木が多く、その樹液は漆器《しっき》を塗《ぬ》るのに用いられるし、雌株《めかぶ》になる実からは蠟燭《ろうそく》が作れる。保科正之の時代に領内にあった目通り（目の高さの直径）四尺以上の漆の木は、一二十六万千二百四十八本。それが今では百八十万本以上に増加しているというのに、毎年掻《か》き採れる漆液の量にバラつきがあるため、漆器問屋は吸物椀や重箱のその年々の生産予定量を決めることができずにいた。

漆液の安定供給ができない原因は、一本の木から目一杯漆液を採ろうとし、結果としてその木を「掻き殺し」にしてしまう者が少なくないことにあった。それを見抜いた玄宰は、漆の木のすべてに戸籍を作成。木の大小によって漆の年間採取量を決めることによって「掻き殺し」を防ぐ一方、漆液の安定供給に成功した。

〈会津漆器の改良〉右の方針によって漆器業界は活気づいたが、まだ絵柄が野暮《やぼ》ったいため藩外からは注文が来ない。そこで玄宰が京から蒔絵師《まきえし》を招き、地元の塗師《ぬし》たちに「消粉《けしふん》蒔絵」の技法を伝授させたところ、安価で堅牢《けんろう》な会津漆器は藩外でも人気を呼ぶようになった。

〈養蚕《ようさん》業の導入〉会津には桑《くわ》の木が少ないため養蚕業が育たず、結果として絹織物《きぬおりもの》業も盛んではなかった。そこで玄宰は養蚕の盛んな福島《ふくしま》方面から桑の木と蚕《かいこ》を手に入れ、武家の女たちに対しても、「自分で織ったものなら絹物を着ることを許す」と触れ出した。以後、女たちの機織《はたお》りは当然のこととされるまでになり、会津木綿《もめん》も盛んに織られるようになった。

以上に略述したように、玄宰の改革の特徴は地場産業を育成することによって、まず領民たちの暮らしむきを豊かにし、その豊かさが最終的に藩財政の赤字体質を消す要因となるよう工夫したことにあった。

白河《しらかわ》藩主から老中首座に登用された松平定信《さだのぶ》の寛政の改革は、やたらに禁止条項が多くて景気を底冷えさせるものだったために失敗におわった。その定信は玄宰による会津藩の寛政の改革が実に多彩なものであることを知り、白河藩家老たちをつぎのように叱咤激励《しったげきれい》して止まなかった。

「その方ら、田中三郎兵衛に笑われるな」

定信のもっとも尊敬する人物は保科正之であり、

「余《よ》がいつも心に懸けているのは、かの保科肥後守《ひごのかみ》さま（正之）にならいたいということだ」

と、いつも述懐していたほど。それだけに定信は会津藩の藩政に注目しており、玄宰の手腕を知って舌を巻いたのであろう。

寛政八年（一七九六）に開始された司法改革についても、見るべき点が少なくない。

従来、士分の者が罪を犯したときは、城下追放、領内退去、他国払いなどに処されてきた。しかし、裁く者の気分で処断にバラつきが多かった上、浮浪《ふろう》と化した科人《とがにん》は食うに困ってふたたび犯行に走る傾向が強かった。

そこで玄宰は、右の罪に相当する者は蟄居《ちっきょ》（五日間から二十日間まで）、閉門（三十日間から九十日間まで）、揚《あ》がり座敷入り（二年間から永居まで）に分け、刑期をおえるまでは一日中書見をさせることにした。

地方《じかた》、町方から出た科人は、罪の度合によって過料（罰金刑）、押しこめ、投獄などに処されるならいであった。だが、押しこめ、投獄となっている間にその者の田畑は荒れ、店は寂れる。

それを防ぐために玄宰は、犯した罪によって笞刑《ちけい》（鞭打《むちう》ち）、杖刑《じょうけい》（杖打ち）、肉刑《にくけい》（入墨《いれずみ》）などに処し、おわればすぐ生業《なりわい》にもどれることにした。罪と刑罰とをきちんと対応させておけば、裁く手間もかからないのだ。

明治の世に東京帝国大学総長となり、「白虎隊総長《びゃっこ》」の異名を取った旧会津藩士山川健次郎《やまかわけんじろう》が、「余の最も感心する隠れたる偉人」として玄宰の名を挙げ、

「若《も》し此《こ》の人がなかつたならば、会津はどうなつてゐたか分らない」（『男爵山川先生遺稿』）

と述べたのも、はなはだもっともなことであった。

幕末の侠客《きょうかく》・会津《あいづ》の小鉄《こてつ》

明治時代には、相撲《すもう》の番付に似せてさまざまな一枚刷りの番付が作られた。「近世侠客有名鏡」はそのひとつで、ひらたくいえばやくざたちのランキング表である。

このようなものにかならず名のあがる清水次郎長《しみずのじろちょう》について、かつて私は以下のように書いたことがある。

「慶応《けいおう》四年（一八六八）四月十一日といえば江戸城が無血開城した日付である。ついで八月十九日には、榎本武揚《えのもとたけあき》率いる旧幕府海軍が品川《しながわ》沖から蝦夷《えぞ》地《ち》めざして脱走するという大事件が起こった。その一隻『咸臨丸《かんりんまる》』は、二十一日から二十二日にかけて台風に襲われて船体を破損してしまい、反転して清水港に入った。

しかし九月十八日、新政府軍の『富士山丸《ふじやままる》』があらわれて『咸臨丸』を砲撃。旧幕臣二十余名を討ち、その遺体を海中に投げこんで去っていった。そこで次郎長が遺体を収容し、向島《むこうじま》の洲のなかへ埋葬してやったのである。

それでも、次郎長はこの美談によって名を知られたのではない。かれは複数の人間を殺していたし、明治維新後も博徒《ばくと》でありつづけた。そのため明治十七年に静岡《しずおか》刑務所に収容されたところ、養子の天田五郎《あまだごろう》が『東海遊俠伝』を出版し、次郎長を大いに擁護《ようご》した。その結果、かれは特赦《とくしゃ》を受け、同書がヒットするにつれて俠客の名を不動のものにしたのである」(「江戸、明治の俠客番付を読み解く」、『名将と名臣の条件』〈中公文庫〉所収)

次郎長のように映画やテレビのヒーローになったことはないが、幕末・維新期に俠《おとこ》気《ぎ》を発揮した人物として会津の小鉄をあげることができる。

ただし、会津の小鉄は別に会津人ではない。本名は上坂仙吉《こうさかせんきち》といい、天保《てんぽう》四年(一八三三)、大坂に生まれた。父は東国の浪士、母も早く死んだといわれ、仙吉は江戸から京へ流れて大垣屋清八《おおがきやせいはち》という大親分に拾われて幕末を迎える。

すると文久《ぶんきゅう》二年(一八六二)十二月、新設の京都守護職に任じられた会津藩主松平《まつだいら》容保《かたもり》が藩士一千人を率いて上京してきた。その本陣は東山黒谷《ひがしやまくろだに》の金戒光明寺《こんかいこうみょうじ》に置かれたが、赴任してきた松平容保としては、中間《ちゅうげん》、小者、出入りの職人などを雇わなければならない。その依頼を受けた大垣屋清八が仙吉を会津藩を担当する会津部屋の部屋頭に指名したことから、仙吉は会津の小鉄と呼ばれるようになってゆくのだ。

それにしてもなぜ小鉄なのかというと、かれは背が低かった。なのに長脇差《ながわきざし》は、よく斬れることで定評のある長曾根虎徹《ながそねこてつ》であった。この二点を引っ掛けて、会津の小鉄という渾名《あだな》ができあがった、とその孫の原田弘《はらだひろし》が『俠客会津の小鉄　追想録』に書いている。

同書によると小鉄は恐しいほど喧嘩《けんか》っ早く、大坂にいられなくなったのは「めし安《やす》」という悪党の頭を鉄瓶《てつびん》で殴り殺してしまったためだとか。大坂を所払い《ところばらい》（追放）となって江戸へ出てからは、新門辰五郎《しんもんたつごろう》の子分のひとりを斬殺。京に上って隠れ博打《ばくち》の賭場《とば》をひらいていたときには、縄張りの持ち主名張屋新蔵《なばりやしんぞう》の子分数名に襲われてしまい、ともに暮らしていた盲目の女性おりんを殺されたばかりか、自分は気を失っている間に左手の小指を切り取られてしまった。

その背中には小野小町《おののこまち》の刺青《いれずみ》が彫《ほ》られていたそうだが、小鉄はやがて新選組《しんせんぐみ》の局長近藤勇《こんどういさみ》らとも知り合った。新選組は会津藩お預かりの剣客集団だから、小鉄とその子分たちはこちらの用向きも果たすようになっていたのだろう。

しかし、かれは新選組の屯所《とんしょ》に出入りするうち、生涯最大の危機を迎えた。屯所からの帰途、尊王攘夷《そんのうじょうい》派の刺客に襲撃され、その刀の柄元《つかもと》を押さえようとして白刃を右手でつかんでしまったのだ。そのため親指と人差指のなかばを残してあとの三指は落ちてしまい、以後の小鉄は長曾根虎徹の柄に特殊な装置をつけ、その右手で剣を使えるよう工夫したという。

　このようなエピソードを残しただけなのであれば、会津の小鉄の名は会津藩および奥羽《おうう》越《えつ》列藩同盟参加諸藩が戊辰《ぼしん》戦争に敗れると同時に忘れ去られたに違いない。そうはならなかったのは、かれが本稿の最初に紹介した清水次郎長以上の俠気を発揮してみせたからだ。

　元治《げんじ》元年（一八六四）七月十九日、尊王攘夷派の西の総本山長州《ちょうしゅう》藩は、松平容保を討つべく京に遠征軍を派遣して禁門《きんもん》の変（蛤御門《はまぐりごもん》の変）を引き起こした。御所を守っていた会津藩の戦死者は三十二名に達し、「鉄砲焼け」といわれた戦火は市中に燃えひろがった。この戦死者たちを金戒光明寺の塔頭西雲院《たっちゅうせいうんいん》の会津藩殉難者墓地に埋葬《まいそう》したのは会津の小鉄であり、町火消たちとともに消火に挺身《ていしん》したのはその身内の者たちであった。

「会津の小鉄は、禁門の変の軍功に依り、会津公（松平容保）より感状と恩賞を賜《たまわ》り、井深重義《いぶかしげよし》（会津藩軍事奉行）からは、陣羽《じんば》織《おり》一着を拝領《はいりょう》している」（同）

　感状とは主君が戦場で大手《おおて》柄《がら》を立てた家臣に贈るものだから、会津の小鉄とその一家の働きぶりがしのばれる。

それから四年、慶応四年（一八六八）一月三日に勃発した鳥羽《とば》・伏見《ふしみ》の戦いが、薩《さつ》長《ちょう》両藩主体の新政府軍の勝利におわったことは周知の通り。旧幕府軍の先鋒としてこれと激突した会津藩は、銃砲に刀槍《とうそう》で立ちむかったこともあって旧幕府軍中最多の戦死者を出してしまった。その数は百二十名、旧幕府軍全体では二百三十九名（大山《おおやま》柏《かしわ》『戊辰役戦史』上巻）。

しかも新政府軍は、味方の遺体は収容しても賊徒とみなした敵のそれは野晒《のざら》しのまま放置する、という非情な態度を示してはばからなかった。

これに義憤を禁じ得なかったのが、会津の小鉄とその身内の者たちであった。同年二月まで新政府軍に捕縛《ほばく》されるのを恐れて京に潜伏《せんぷく》していた小鉄は、京で三百、大坂で二百の人数をかき集めると、筵《むしろ》や鋤《すき》、鍬《くわ》の類を積んだ荷車を引かせて戦場をめざした。

小鉄たちの作業は会津藩士のみならず旧幕府軍兵士の遺体も収容し、砲弾によって穴をあけられた道路も補修するという入念なものであった。

ところが作業開始後三日目、いまは新政府の民政局刑法官となっている薩摩《さつま》人が約三十名の銃隊を率いて銭取橋《ぜにとりばし》にあらわれ、この行動を咎《とが》めた。付近に散っていた会津の小鉄一家の者たちが次第にかれらを押しつつんだのは、荷車に隠してあった長脇差で戦うことも辞さなかったためだ、と原田弘の前掲書はいう。

その気迫に押されて刑法官は引き下がり、付近の農家、寺院なども作業に協力してくれたため、会津の小鉄は三ヵ月目に目的を達成することができた。かれらの勇気ある行動は、まことに賞讃に値する。

その後も小鉄は墓地の清掃を怠らず、この行動は小鉄一家の二代目卯之松《うのまつ》に引きつがれて昭和初年までつづけられた。しかし、この墓所は次第に荒廃したため、昭和三十一年（一九五六）三月、旧会津藩士子孫たちは「京都黒谷会津墓地保存会」を設立。墓地の整備保存をはじめ、同三十二年十二月十五日には、同会の名義で金戒光明寺の門前に高札《こうさつ》が掲げられた。その銘文の後半にいう。

「鳥羽伏見の戦に於《お》ける会津藩殉難者の遺骸《いがい》は無情にも朝敵の汚名のもとに街路に放置され世人は後難を恐れて顧《かえりみ》る者もなかった処、幕末の大俠客会津の小鉄は（略）、あらゆる迫害に動ぜず、数ヶ月に至り数百人の子分を動員して、遺骸を探索収容して当山に合葬したという隠された美挙がある」

会津の小鉄は、明治十八年（一八八五）に死亡した。享年五十三であったが、その墓が西雲院の院内にあるのも以上述べたような理由からのことである。

近藤勇《こんどういさみ》、土方歳三《ひじかたとしぞう》の偽名の由来

幕末の京に血の雨を降らせた新選組《しんせんぐみ》にあって、近藤勇が局長、土方歳三が副長をつとめていたことはよく知られている。また、その新選組とは、文久二年《ぶんきゅう》（一八六二）に藩士一千を率いて上京し、京都守護職に就任した会津《あいづ》藩主松平容保《まつだいらかたもり》が預かった一種の警察組織だったこともよく知られていよう。

文久三年春に上京した当初の新選組は、まだ壬生《みぶ》浪士組という名称であり、これは葛野郡朱雀野字壬生《かどのごおりしゆじやくのあざ》に分宿したことに由来する。

ところでなぜ松平容保は、一千の精鋭を擁《よう》していたにもかかわらず、初めは二十四人しかいなかった新選組を現地採用したのだろうか。私はその精神的背景を、両者ともに武田信玄《たけだしんげん》を生んだ甲州《こうしゆう》武田家に関わる祖先を持っていたためではないか、と考えている。

前述「移りゆく『赤備え』」で言及したように、徳川家康《とくがわいえやす》は武田家の「赤備え」の伝統を井伊《いい》家に引きつがせたほどの信玄ファン。会津藩の初代藩主保科正之《ほしなまさゆき》は信玄の次女見性院《けんしょういん》に七歳まで育てられた経歴の持ち主であり、正之が最初に相続した信州高遠《しんしゅうたかとお》藩保科家も、戦国時代には武田家に仕えていた家系である。

そんなことから、正之が会津へ移封《いほう》されてからも保科家家臣団には、かつて武田家に仕えた祖を持つ者が珍しくなかった（保科姓が松平姓に変わるのは三代正容《まさかた》の時代）。

たとえば正之がもっとも信頼した名家老田中正玄《たなかまさはる》の祖父は、長篠《ながしの》の戦いに討死した田中玄儀《はるよし》。やはり家老として容保に仕えた内藤信節《ないとうのぶこと》と梶原景武《かじわらかげたけ》は実の兄弟だが、その祖は信玄・勝頼の武田家二代に仕え、武田二十四将のひとりにかぞえられたばかりか、

「真ノ副将即チ是《これ》ナラン」（『甲斐《かい》国志』）

といわれた内藤昌豊《まさとよ》である。内藤信節の家紋は、幕末に至ってもなお武田菱《びし》であった。

以上で甲州武田家と会津松平家の関係が頭に入ったと思うので、つづいて新選組と武田家のかかわりを眺めよう。

天正《てんしょう》十年（一五八二）三月に武田勝頼《かつより》が織田《おだ》・徳川連合軍に滅ぼされたころ、ひそかに甲州から武州八王子《ぶしゅうはちおうじ》に逃れた武田家の姫君がいた。おつきの者たちに守られた信玄の五女、松《まつ》姫である。

髪を下ろして信松院《しんしょういん》と称したこの美しい姫君は、いまは武田家遺臣となってしまったおつきの者たちを食べさせるため養蚕《ようさん》と絹織物《きぬおりもの》を始め、「八王子織物の祖」といわれるまでになる。

そこに頼もしい味方があらわれた。武田家遺臣のひとり大久保長安《おおくぼながやす》である。幕府の代官頭《がしら》として八王子に陣屋を構えた長安は、信松院を庇護《ひご》することをためらわなかった。その一方、かれは自分とおなじ武田家遺臣の小人頭《こびとがしら》九人のもとに同心二百五十人を組織し、武州と甲州の国境《くにざかい》の警備、治安維持、江戸防衛の任などに当たらせることにした。

慶長《けいちょう》五年(一六〇〇)、これらの者たちは旗本《はたもと》である八王子千人頭のもとで十組各百人、計千人の集団に規模を拡大され、

「八王子千人同心」

と名乗った。

近藤勇は天然理心《てんねんりしん》流剣術のレッスン・プロとして、よく八王子方面に教えにきた。勇は養子であるが、この近藤という家系からは八王子千人同心がふたり出ており、新選組に参加した井上源三郎《いのうえげんざぶろう》や中島登《なかじまのぼり》も八王子千人同心の家に生まれた。

いわば会津松平家も新選組も旧甲州武田家につながるDNAを持っていたからこ

そ、幕末の京ですんなりと協力関係を築くことができたと考えられるのだ。

　ところが、慶応《けいおう》四年（一八六八）一月三日に勃発した鳥羽《とば》・伏見《ふしみ》の戦いに敗れた旧幕府軍が江戸へもどった時点で、会津藩と新選組は別の道を歩みはじめた。会津藩士たちが帰国して和戦両様の構えを取ることにしたのに対し、新選組は、

「甲陽鎮撫隊《こうようちんぶたい》」

　と改称し、甲州へ進撃することにしたのだ。

　なぜ甲州をめざす気になったのか、という点については、

「甲州は昔から要害の地だ。（略）いざという場合、勢を合わせてここへ立て籠《こも》りさえすればいい、五年、十年天下の兵を引き受けるくらいは何でもないことだ」（結城《ゆうき》礼一郎《れいいちろう》『旧幕新撰組の結城無二三《むにぞう》』）

　と甲州出身の結城無二三にいわれ、勇たちがすっかりその気になった、という説がある。

　とはいえ新選組が会津藩とともにさらに新政府軍と戦おうとするなら、会津藩領へ走るのが最善であった。しかるになぜ会津ではなく甲州をめざそうとしたかといえば、私は結城無二三のことばよりも「甲陽鎮撫隊」という隊名に注目したい。

「甲陽」とは甲州の美称だが、この単語を題名に使って武士階級にひろく読まれた史

書といえば、信玄・勝頼の歩みを描いた『甲陽軍鑑』である。勇が隊士たちに、「首尾よく甲州城百万石が手にいらば、隊長は十万石、副長は五万石、副長助勤は各二万石、調役《しらべ》は一万石ずつ分配しよう」（永倉新八《ながくらしんぱち》『新撰組顚末記』）

と告げた、とする回想があるところを見ると、勇は戦国時代と幕末とをおなじ乱世と考えており、自分が信玄のように甲州の王者になることを夢見たものと思われる。

このことは、このころ近藤勇と土方歳三が用いた偽名からも裏づけられる。

近藤勇は大久保大和《やまと》、あるいは大久保剛《つよし》と称していたが、当時すでに直参《じきさん》旗本に登用されていた勇がこう名乗れば、人は大久保大和守剛の略だと思う。そこで前述の大久保長安のことを思い出すと、長安の受領名は石見守《いわみのかみ》。つまり長安は正式には大久保石見守長安だが、大久保石見と名乗ることもあっただろう。

勇にとっては、大久保大和と称して八王子から甲州へむかえば、特に八王子では大久保長安の再来として大歓迎されることが期待できた。

対して土方歳三は、内藤隼人《はやと》と変名していた。しかも、かれの諱《いみな》は義豊《よしとよ》といった（近藤勇の諱は昌宜《まさよし》）。

隼人という通称は父も用いたものだから、いまは考察しない。

しかし、諱を使って内藤義豊と称したならば、この名は信玄に仕えて「真ノ副将即チ是ナラン」といわれた内藤昌豊とわずか一字の違いになる。あきらかに土方歳三は新選組の副長から甲州百万石の「副将」へと飛躍しようと考えて、この変名を使用することにしたのだ。

だが、このふたりはあまりにも浮かれすぎた。三月一日に江戸を出発した甲陽鎮撫隊は、その日はたった二里しか西進せず内藤新宿《ないとうしんじゅく》に泊り、宿場中の遊女を総揚げして前祝いをやらかした。

二日は、五里《り》二十三町《ちょう》先の府中《ふちゅう》泊。三日も二里八町しかゆかず、日野《ひの》の名主であり新選組のスポンサーでもあった佐藤彦五郎《さとうひこごろう》宅に宿泊して大宴会。ふたりは甲州進撃よりも、故郷に錦《にしき》を飾ることを優先したかに見える。

さらに、上には上がいた。甲陽鎮撫隊が五日にようやく甲府《こうふ》へ六里の駒飼《こまかい》へ到着したのに対し、新政府軍は四日のうちに甲府入りし、甲府勤番の旧幕臣たちから甲府城の受け取りを済ませてしまっていた。

その参謀は、土佐《とさ》出身の乾退助《いぬいたいすけ》あらため板垣《いたがき》退助。退助が甲府入り直前に乾姓を板垣姓に直した理由はひとつ、自分が信玄の家老だった板垣信形《のぶかた》の子孫であることをあきらかにして、民情の安定に努めようとしていたためにほかならない。

結果として甲陽鎮撫隊は、新政府軍と六日に柏尾《かしお》で戦って大敗北を喫した。
その後の近藤・土方コンビの運命は、みなさんご存じの通りである。

ガットリング砲異聞

二〇一〇年五月に文春文庫の一冊として刊行した短編小説集『東に名臣あり――家老列伝』には、越後《えちご》長岡《ながおか》藩家老河井《かわい》継之助《つぎのすけ》を主人公とする「ガットリング砲を撃て」も収録した。

その作中において私は、この砲のことをつぎのように説明しておいた。

「ガットリング砲は、砲車に載せて撃つところはどの藩にもある四ポンド山砲とおなじながら、六連装、毎分百八十発の速射が可能な機関銃の原型で、ガットリング機関砲と訳されることもある。機関上部に弾丸入り三日月形のカートリッジを縦にはめこみ、左手で高低レバーを調整しながら右手で連射レバーを激しく回転させれば、その速度によって発射回数を調節できるという南北戦争で使用された新兵器であった」

のちの日露《にちろ》戦争において、旅順《りよじゆん》の二百三高地を占拠しようとした乃木希典《のぎまれすけ》将軍率いる日本陸軍の第三軍が、ロシア軍の機関銃に悩まされたことはよく知られている。

しかし、その原型であるガットリング砲は、早くも幕末史に登場していたのだ。

河井継之助にこの新兵器二門を売ったのが、当時横浜に商社をひらいていたプロシャ人スネル兄弟（ヘンリーとエドワルド）だったこともわかっている。

継之助はこの二門を新潟港《にいがた》を経て長岡城下へ運び、慶応《けいおう》四年（一八六八）五月十九日、奥羽越《おううえつ》列藩同盟軍の一員として新政府の北陸道鎮撫《ほくりくどうちんぶ》総督軍と戦ったときには、長岡城大手通り北西の渡里《わたり》町口にこの二門を引き出し、横に並べて砲火をひらいた。日本初の機関砲隊の登場である。その一門を撃ちまくったのは、継之助当人であった。

しかし、ガットリング砲のデザインには重大な欠点があった。射手の腰掛ける台座が高い位置にあり、その前方に防御盾《ぼうぎょたて》がないため、狙われる側から見ると砲身の真うしろに射手の上体が露出しているのだ。

ならば狙われる側としては、物陰に身を隠して射手の上体を狙撃すればよい。継之助も左の肩口を撃たれ、左手で高低レバーを調節できなくなったために城中に引かざるを得なくなった。

まもなく長岡城は落城する運命をたどったのだが、不思議なことに、その後の越後《えちご》口戊辰《ぼしん》戦争にガットリング砲は登場しない。新政府軍側が分捕ったのなら喜んで使用しそうなものだが、そういう記録も目に入らない。

使用されなかった理由としては、ふたつのケースが考えられる。ひとつは、砲自体がすでに破壊されていて使うに使えなかったケース。もうひとつは、砲自体は無事であったものの砲弾がすでに払底していたケース。

ともかくこうして日本史上初の機関砲隊は、打ち上げ花火のように一瞬の輝きを残しただけで歴史の闇に塗《ぬ》りこめられてしまった。

だが戊辰戦争には、まもなくもう一門のガットリング砲があらわれる。

「ストーンウォール号」といえば、幕府がアメリカから買いつけた鉄張りの軍艦として知られる。慶応四年四月二日に横浜沖にやってきた同号は紆《う》余曲折《よきょくせつ》を経て明治新政府の所有するところとなり、「甲鉄《こうてつ》」と改名されてから太平洋を日本列島に沿って北上していった。

これらのことは歴史ノンフィクション『軍艦「甲鉄」始末』（新人物文庫）に詳述したところだが、とにかく「甲鉄」の甲板上にはガットリング砲が据えつけられていたのである。

明治二年（一八六九）を迎えると旧幕府側勢力は榎本武揚《えのもとたけあき》らの樹立した蝦夷地《えぞち》政府（箱館五稜郭《はこだてごりょうかく》政府）しかなくなっていたので、明治新政府は青森《あおもり》口に陸海両軍を集結させ、雪解《ゆきげ》を待って渡海攻撃をおこなう作戦を立てた。新政府海軍のエース艦となっていた「甲鉄」ほかが、これに参加すべく北上して南部《なんぶ》藩領の宮古《みやこ》湾に集結したのは三月十八日から二十一日にかけてのこと。

するとニ十五日の夜明けに旧幕府海軍の「回天《かいてん》」が湾内に侵入し、「甲鉄」に対して接舷攻撃をこころみた。これは兵たちをこちらの甲板からあちらのそれへ飛び移らせ、一気に艦を分捕ろうという海賊好みの戦法である。

しかし「甲鉄」側はガットリング砲、洋銃、槍でこれを迎え討ち、みごとに旧幕府兵たちを撃退することに成功。「回天」の甲賀源吾《こうがげんご》艦長は、同艦の艦橋に立って指揮するうちに、身に数弾を浴びて戦死した。

当時「回天」に乗り組んでいた安藤太郎《あんどうたろう》が、以下のような回想を残している。

「敵船ヨリハ甲賀ヲ目掛ケ頻《しき》リニ狙撃セシニヨリ、左ノ股ヲ打《うた》レ、又右ノ腕ヲ打抜《うちぬか》レシカドモ、是《これ》ヲ引キ腕ヲ振《ふるい》テイタミヲ忍ビ、尚《なお》衆ヲ励《はげま》シテ打合ヒシニ、甲鉄ノ『カットリンコン』(の)為ニ、左ノ米噛《こめかみ》打抜レ、可憐《あわれむべし》遂ニ斃《たお》レ死ス」(「宮古港戦記」、『復古記』所収)

「カットリンコン」すなわちガットリング砲《ガン》から発射される弾丸は、ミニエー銃のそれより倍もある。これを浴びて甲賀艦長は即死し、やがて蝦夷地政府は降伏開城に至ったのであった。

さて、私が『歴史読本』に『軍艦「甲鉄」始末』を連載したのは二〇〇四年七月号から二〇〇五年十二月号にかけてのことだったが、右のくだりを描く間に気に懸ったのは、なぜ「甲鉄」にガットリング砲が装備されていたのか、という問題であった。というのも渡米した小野友五郎《おのともごろう》使節団がアナポリスで「ストーンウォール号」を購入したとき、同艦にガットリング砲は搭載されていなかったからだ。

とすれば「甲鉄」にガットリング砲が装備されたのは日本にきてからのことだったことになるので、私は同作につぎのような一文を盛りこんでおいた。

「長岡城下でガットリング砲二門を分捕った新政府軍が、そのうちの一門を江戸へ運んで『甲鉄』に搭載させた可能性がないでもない」

ところが、である。

二〇一〇年四月初め、歴史学者磯田道史《いそだみちふみ》氏と私との対談「龍馬《りようま》を殺《や》ったのは誰だ!?」の掲載された『歴史通』二〇一〇年五月号が届いたので目次を見ると、三野正洋《みのまさひろ》氏という方が「『悪魔のコーヒー挽き』ガトリング機関砲始末」という記事を書いているではないか。

私は存じあげていないのだが三野氏は軍事研究の専門家らしく、幕末に日本へ運ばれてきたガットリング砲には「二つのシステム」があった、としていた。

ひとつは河井継之助が買った二門であり、これは「車輪の付いた地上戦闘用」。もうひとつは「艦載用」とあって、「甲鉄」に搭載されていたのはこちらのシステムのものだという。解説されていないものの、「艦載用」ガットリング砲に車輪はなく、砲身下部から真下へ伸ばしたパイプの先を甲板上に埋めこみ、その砲身が三百六十度回転できるものかと思われる。

ガットリングとはこの砲の発明者の名前だそうで、アメリカのジェネラル・エレクトリック社（GE）はベトナム戦争の直前に電動式ガットリング砲を作った。M61バルカン砲と名づけられたこの砲の最新型は、

「全力で能力を発揮させると、その発射速度は一万二千発／分という、信じられない数字となる」

もともとは毎分百八十発だったのが、最新型ではなんと毎分一万二千発！　しかも、こちらは口径二十ミリなのに対して口径三十ミリのアベンジャーという六本の砲身を持つ大型機砲もあり、アメリカを中心とする多国籍軍がイラク軍と戦って一方的に勝ったとき、イラク軍の誇る大戦車千台以上を破壊したのはこのアベンジャーだっ

たとか。
科学技術の発展は結構なことだが、ここまでくると恐いような気もしないではない。

山本帯刀《やまもとたてわき》・渡辺豹吉《わたなべひょうきち》の「同葬の悲願」

日露《にちろ》戦争の最中、旅順《りょじゅん》を占領すべく編成された陸軍第三軍の軍司令官に任じられたのが乃木《のぎ》希典《まれすけ》中将だったことはよく知られている。広島《ひろしま》から戦地にむかおうとした時点で、すでに出征していた長男勝典《かつすけ》少尉の戦死を伝えられた乃木は、やはりまもなく戦死することになる次男保典《やすすけ》少尉と勝典の写った写真の原版を手に記念撮影に臨み、父子三人がそろってこの戦いに死ぬ覚悟を示した。

このことは「三典《さんてん》同葬の悲願」といわれて美談とされたが、戊《ぼ》辰《しん》戦争の最中には、やはり「同葬の悲願」と形容すべき誓《ちか》いを立てた主従がいた。越後《えちご》長岡《ながおか》藩の家老山本帯刀二十四歳と、その家臣渡辺豹吉二十七歳。

慶応《けいおう》四年（一八六八）七月二十九日に長岡城が越後口新政府軍に落とされて以降、奥羽《おうう》越《えつ》列藩同盟に加盟していた長岡藩の残存兵力約百人は会津《あいづ》へ亡命、会津藩とともに新政府軍に対して雪辱《せつじょく》戦を挑もうとした。それまで長岡藩を指導してきたもうひとりの家老河井《かわい》継之《つぎの》助《すけ》が被弾死してしまったため、以後の長岡兵たちを指揮していたのが山本帯刀である。

禄高千三百石の帯刀は、幼少のころから学問を好み、四書五経を二行ずつまとめ読みして神童と謳《うた》われた人物。この山本家から百石を受けていた渡辺豹吉は、家来ながら帯刀とは兄弟のように仲が良く、藩校崇徳館《すうとくかん》や私塾に通うときもいつも一緒であった。だから豹吉は、帯刀が長岡亡命兵たちを率いて会津へ走ったときも、その従者として行をともにしていたのだ。


しかし、頼みの会津藩はかれらがまだ城下町若松《わかまつ》（会津若松市）に入っていない八月二十三日から名城鶴ヶ城に拠って籠城《ろうじょう》戦を開始。帯刀たちはその城外部隊や援軍である水戸《みと》藩諸生党の面々と協力し、日光《にっこう》口から会津西街道を越えてやってくる新政府軍と雌雄《しゆう》を決しようとした。

九月八日早朝、帯刀たちは若松の西郊を南北に貫く大河阿賀《あが》川《がわ》の東岸にある飯寺村《にいでらむら》へ進出。視界をふさぐ濃霧のなかで水戸藩諸生党と合流しようとしたが、誤って官軍の重囲に陥《おちい》ってしまい、次々に味方を撃たれて絶体絶命となった。

兵たちを全滅させてはならない。そう考えた帯刀が断腸《だんちょう》の思いで敵に降伏を伝えたとき、すでに兵力は豹吉をふくめて十四人しか残っていなかった。

では十四人を捕縛《ほばく》した新政府軍とはどこの兵力かというと、下野《しもつけ》宇都宮《うつのみや》藩の兵たちであった。同藩士戸田《とだ》三男《みつお》の回想がある。

「長岡勢を生捕《いけど》りたる後、其中《そのなか》に重役の山本帯刀あるを知り、其処分方を軍監中村半《なかむらはん》次郎《じろう》（後の桐野《きりの》利秋《としあき》・原注）に稟申《りんしん》せしに、山本は越後口より入りたる軍監に引渡し他は斬首せよとの命令なれば、宇都宮五番隊の手にて、山本には部下一人を付添《つきそ》はせてその手続をなし、他は不憫《ふびん》ながら之《これ》を決行したり」（小林友雄『宇都宮藩を中心とする戊辰戦史』、傍点筆者）

この「部下一人」とは、渡辺豹吉のこと。即日斬首されることになった長岡亡命兵たちは、

「各自所持する所の軍用金あり、之を貴藩に提供す。相当の費用に充《あ》てられんことを請ふ」（同）

と申し出る潔《いさぎよ》さであった。

帯刀、豹吉の主従は新政府軍が本営としていた本光寺へ送られ、隣りあって立つ庭の木二本にそれぞれ縛りつけられた。ふたりの様子は、つぎのようであったと語り伝えられている。

「時は旧九月会津の秋はすでに寒く、夜ともなれば従兵は体にかけられていた蓆《むしろ》のよ

うなもの（毛布ともいう）を足で引きずりおろして帯刀の体にかけてやるなど、やがて訪れる首の座を前にして互《たが》いに深い信頼と慰《なぐさ》めの眼を交していた」（同）

あけて九月九日、名の伝わらない新政府軍兵士のひとりが帯刀に、降伏して新政府軍に参加せよ、といったとき、帯刀は憤然《ふんぜん》として答えた。

「藩主はわれに戦えと命じたが、降伏せよとは命じなかった」（今泉鐸次郎《いまいずみたくじろう》『河井継之助伝』より。原文は漢文）

この返事によってふたりの運命は決まり、そろって共同墓地へ引き出された。主従がそろって斬《ざん》に処される場合は、主人の露払《つゆはら》いとして従者が先に斬られることになっている。

しかし、帯刀が従容《しょうよう》としていたのに対し、自分が先に斬られると知った時点で豹吉は「一見卑怯《ひきょう》と思われる態度」をとった（『宇都宮藩を中心とする戊辰戦史』）。

「おれは武士ではない。取るに足らぬ下男奉公の男だ。どうか命ばかりは助けてくれえ」（同）

と、泣かんばかりにして訴えたのだ。

なぜ豹吉は、こんな不様なことばを口走ったのか。その答えは、引用書のつづきの部分に記されている。

「あまりのことに、処刑人らはこれをいぶかり、これを嘲笑《ちょうしょう》しながら、ともかく後《あと》廻《まわ》しにせよということになって帯刀が先に斬られたが、その時豹吉は合掌《がっしょう》してこれを見守りながら、その堂々として斬られた姿を拝《はい》し終ると、その死体のあとかたづけを請うて、かいがいしく始末し終る。と、その時、今までのせわしげな態度がたちまちにして消え失せ、にわかに開き直って一同を見廻しながら——先ほどの虚言お許し下されい。何を隠そう、拙者《せっしゃ》は武士でござる。郷国を出づる時主人の最後を見届けると堅く誓《ちか》った身、先に斬られては破約の罪を作ることに相成る。しかしここですべては終った。すみやかに主人の跡を追いたいから、一刻も早く斬ってくれ——と首をさしのべ悠々として斬られたという」(同)

山本帯刀は、なぜ土壇場《どたんば》で渡辺豹吉が「一見卑怯と思われる態度」をとったかをよく承知していたからこそ、申し出て自分が先に斬られることにしたのであろう。

私がこのふたりの死に方を「同葬の悲願」と表現したくなる理由が、以上でおわかりいただけたことと思う。戦争は、それが内戦か対外戦争かにかかわらず、ときにこのような悲壮な美談を生み出すことがある。

これらのふるまいに胸を打たれた宇都宮藩兵たちは、帰国後、長岡亡命兵たちの差し出した二百余両によって宇都宮の六道《ろくどう》の辻《つじ》に「戊辰役戦死墓」を建立。山本帯刀の持っていた刃渡り二尺七分の愛刀は、招魂社へ奉納《ほうのう》された。

山本家は抗敵の罪を問われて断絶とされ、渡辺家は豹吉の弟の正吉あらため廉吉《れんきち》が継ぐところとなったが、その後の両家の関係にも触れておこう。

渡辺廉吉は苦学力行して文部省に入省、初代総理大臣伊藤博文の秘書官として活躍し、貴族院議員に勅選《ちょくせん》される。大正四年（一九一五）、なおも法学博士、行政裁判所部長として名のあったかれは、旧長岡藩牧野《まきの》家の当主牧野忠篤《ただあつ》子爵《ししゃく》その他と相談した結果、旧長岡藩家老の家筋であることを示すものといえば、すでに古い裃《かみしも》一着と墓所を残すだけになっていた山本家の再建を決意した。山本家は明治十七年（一八八四）に罪を許されて家名を再興したものの、家運はその後も傾きつづけていたのである。

このことを無念に思いつづけていた廉吉たちが、山本家へ養子入りさせることにした青年とは、旧長岡藩士高野《たかの》貞吉《さだよし》が五十六歳にしてもうけた六男であった。

江戸時代からこのころまで、日本人には妙なことから子供の名前を決めることがままあった。安中《あんなか》藩士の家に生まれた新島襄《にいじまじょう》が幼名を七五三太《しめた》とされたのは、ようやく男の子が生まれたと知った父が「しめた！」と叫んだため。高野貞吉が六男を五十六《いそろく》としたのは、五十六歳にして得た子だからである。

当時は海軍少佐だったこの青年山本五十六が、いずれ対米開戦に踏み切るのは周知のことであろう。

男たちは何を目指して戦ったのか

戦争をするには、その目的がきちんと定められていなければならない。それが理に適《かな》い、かつ国益に沿うものであれば、兵たちの士気はあがるし、第三国からの支持も得やすい。反対にナチス・ドイツのように、「アーリア人種の純血を守るため」といった独善的な目的を掲げたりすると、いずれは人心が離反《りはん》してしまうものだ。

では戊辰《ぼしん》戦争において、明治新政府軍は何を目的として戦ったのか。むろんそれは、旧幕府軍を討伐《とうばつ》することにより、天皇親政の新政府を軌道に乗せるためであった。

対して旧幕府軍のそれは、従来通り徳川《とくがわ》幕藩体制を維持してゆこうという点にあったと考えてよい。

しかし、旧幕府軍のこのような考え方は、急速に時代遅れになっていった。十五代将軍徳川慶喜《よしのぶ》は、慶応《けいおう》三年（一八六七）十月の時点で大政奉還を行ない、政権を投げ出していた。つづいて同四年四月十一日には江戸城の無血開城に踏みきり、水戸へ去っていったのだから、ここにおいて支えるべき幕藩体制自体が瓦解《がかい》してしまったのである。

それまでの幕府の天領（直轄地《ちょっかつち》）の石高《こくだか》は、およそ四百万石であった。将軍家、旗《はた》本《もと》、御家人《ごけにん》から大奥の女たちまでがこれで食べていたわけだが、慶喜が新政府軍に膝《ひざ》を屈したということは、この四百万石を無条件で朝廷へ差し出したことを意味する。旧幕臣たちは誰かが救援の手を差しのべない限り、収入が絶えて餓死するしかない運命に立たされたのだ。

これに激しく憤慨《ふんがい》した者こそ、旧幕府海軍副総裁榎本武揚《えのもとたけあき》であった。周知のように榎本は、同四年八月十九日に旧幕府海軍旗艦「開陽丸《かいようまる》」ほか七隻《せき》を率いて品川《しながわ》沖を脱走、蝦夷地《えぞち》に走って蝦夷地政府を樹立するのだが、その直前に発表した「檄文《げきぶん》」にはつぎのようにある。

「王兵の東下《とうか》するや、我が老寡君《ろうかくん》（慶喜）を誣《し》ふるに朝敵の汚名を以《もっ》てす。其《その》処置既《すで》に甚《はなはだ》しきに、遂《つい》に其城地を没収し、其倉庫を領収し（略）、旧臣の采邑《さいゆう》は頓《とみ》に（にわかに）官有と為《な》し、遂に我藩士（旧幕臣）をして居宅さへ保つ事能《あた》はざらしむ。（略）故《ゆえ》に此《この》地を去り長く皇国の為《ため》に一和の基業を開かんとす」（傍点筆者）

「一和の基業」が、蝦夷地政府の樹立を指していることはいうまでもない。榎本は収入も家屋敷も失って路頭に迷おうとしている旧幕臣たちを食べさせるため、箱館五稜郭《はこだてごりようかく》に政庁を置く新国家を建てねばならぬと思いきったのである。

その意味において、品川沖を脱走してから蝦夷地を平定するまでの榎本らの戦いには、きちんとした戦争目的が存在していたといってよい。新政府が早くから旧幕臣たちの救済策を講じていたら、榎本艦隊の脱走劇は起こらなかった可能性が高い。

蝦夷地政府軍に参加した剣客というと、土方歳三《ひじかたとしぞう》、伊庭八郎《いばはちろう》の名が浮かぶが、この二人が蝦夷地に走った理由は、基本的に榎本と同じ考え方だったからにほかならない。とはいえ、この二人にはそれぞれに独自の動機もあったと思われる。

新選組《しんせんぐみ》の土方歳三は、江戸城の無血開城とともに江戸を脱走し、会津《あいづ》へ走って、会津の援軍として戦っていた。それが途中で仙台《せんだい》へ北上し、松島《まつしま》湾までやってきた榎本軍に参加したのは、孤城《こじよう》と化した会津藩に殉《じゆん》じるよりも、さらに一戦して新政府軍の鼻を明かしてやりたい、と願ったためであったろう。

何が土方をしてそこまで思いつめさせたかといえば、慶応四年四月四日、盟友近藤《こんどう》勇《いさみ》が新政府軍に捕らわれ、二十五日に斬首されたこと以外に、理由は考えられない。

近藤の身柄の奪還を企図《きと》して勝海舟《かつかいしゅう》と交渉までした土方は、近藤の死を知った時から己《おのれ》の人生について、斃《たお》れて後已《のちや》むことしか思わなくなっていたのではなかったか。

それは、幕府軍のエリート集団遊撃隊《ゆうげきたい》の名剣士だった伊庭八郎についてもいえる。だが伊庭の場合は、土方よりも心理的により強く追いこまれていた。

やはり遊撃隊出身の人見《ひとみ》勝太《かつた》郎《ろう》（寧《やすし》）、上総請西《かずさじょうざい》藩主林忠崇《はやしただたか》らと旧幕脱走遊撃隊を組織して、新政府に帰順した小田原《おだわら》藩と箱根《はこね》の山で戦った五月二十六日、伊庭は左手首がぶらぶらになるほどの重傷を負ってしまった。その傷を縫合《ほうごう》したものの、患部が腐《くさ》りはじめたため肘《ひじ》から下の切断手術を受け、伊庭は隻腕《せきわん》になってしまっていた。

かれは江戸でも有名な心形刀《しんぎょうとう》流の剣の達人であり、役者のような美男としてもひろく知られていただけに、かつてない屈辱感を味わわされた。ためにかれの人生の目的は、ふたたび新政府軍に挑み、決戦して死ぬ、という一点に集約されていった（小著『遊撃隊始末』文春文庫参照）。

というのに、伊庭の乗り組んだ榎本艦隊の一隻「美加保丸《みかほまる》」は、品川沖から脱走してまもなく、銚子《ちょうし》の黒生浦《くろはいうら》で難破。九死に一生を得たかれは横浜に潜伏《せんぷく》し、箱館行きの便船が出るのを待たなければならなくなってしまう。

一足先に五稜郭入りした旧幕臣仲間に早く合流したい気持を、かれはこう詠《よ》んでいる。

まてよ君迷途《めいど》（冥土）も友と思ひしにしばしおくるる身こそつらけれ

その後、元号が明治と変わっていた十一月二十八日にようやく五稜郭に入った伊庭は、いくたびもの出撃戦に隻腕の名剣士ぶりを遺憾なく発揮。しかし胸部に再起不能の重傷を負ってしまい、明治二年（一八六九）五月十一日に土方が戦死してまもなく榎本武揚からわたされたモルヒネ液を飲んで、安楽死する道を選んだ。

土方は三十五歳、伊庭は二十七歳。ふたりは京にゆく前から仲が良く、そろって近藤勇の養父周助《しゅうすけ》に小遣いをねだることもあった。そのふたりはともに佐幕派の剣士として武士の一分《いちぶん》を貫《つらぬ》きつつ死んでいったのである。

対して榎本は降伏に踏みきったものの、蝦夷地を旧幕臣たちの国にしようとしたその夢は開拓使の創設に反映されて、北海道開発に道をつけた。その意味において榎本が蝦夷地政府に託したところは徒花《あだばな》ではなく、土方や伊庭たちの死も決して無駄ではなかった、と私は考えている。

坂本龍馬《さかもとりようま》が明治を生きる

幕末の大変動は、慶長《けいちょう》八年（一六〇三）以来二百六十余年にわたって政権を担ってきた幕府を退場させることを主眼としただけに、さまざまな主張と思惑《おもわく》が交錯《こうさく》して複雑怪奇な政治状況を現出させた。

そのなかで時代をリードした考え方は、ふたつあった。幕府から自主的に政権を朝廷に返還させるという大政奉還論と、ともかく幕府を討伐して政権を奪おうという武力討幕論である。前者を政権の禅譲《ぜんじょう》論とすれば、後者は一種の暴力革命論だったといってよい。

初めて大政奉還というアイデアを思いついたのは幕臣の勝海舟《かつかいしゅう》と大久保《おおくぼ》一翁《いちおう》、時期は文久《ぶんきゅう》三年（一八六三）一月以前というのが幕末史の定説だが、同年四月二日に大久保一翁が越前福井《えちぜんふくい》藩前藩主松平春嶽《まつだいらしゅんがく》宛に執筆した手紙を現代語訳すると左のようになる。

「徳川《とくがわ》家は征夷《せいい》大将軍の職を辞したいと真心から朝廷に申しあげ、その代わりに江戸開府以前から徳川家の領土だった駿河《するが》・遠江《とおとうみ》・三河《みかわ》の三ヵ国だけはこれからも保有できるようお願いし、新政体の武備の一部を担当するしかないでしょう」

一翁がこの手紙の内容を伝え、春嶽のもとへその手紙を運ばせた者こそ坂本龍馬だから、龍馬は大政奉還論の発案者ではなく、そのメッセンジャー・ボーイとして歴史に登場したことになる。右にいう「新政体」とは雄藩連合による共和政体を意味するものであったが、海舟からこのような考え方があることを教えられた西郷隆盛《さいごうたかもり》は、薩《さっ》長《ちょう》同盟という形の雄藩連合にむかって動きはじめるのだ。

薩摩藩代表小松帯刀《こまつたてわき》、西郷、大久保利通《としみち》が、龍馬を立会人として長《ちょう》州《しゅう》藩代表桂小《かつらこ》五郎《ごろう》（木戸孝允《きどたかよし》）と薩長同盟の密約をむすんだのは、慶応二年（一八六六）一月二十一日のこと。この密約には翌年五月二十一日に土佐《とさ》藩士乾退助《いぬいたいすけ》（のち板垣《いたがき》姓）、土佐脱藩中岡慎太郎《なかおかしんたろう》らも加わるのだが（薩土《さつど》密約）、これらふたつの密約は武力討幕を前提としていたから、大政奉還論者である龍馬としてはちょっと困ったことになった。

そこで龍馬は、この年の六月九日に長崎《ながさき》を出て兵庫《ひょうご》港へむかった夕顔丸《ゆうがおまる》のなかで「船中八策」を起草するのだが、その第一項は、

「一、天下ノ政権ヲ朝廷ニ奉還セシメ、政令宜《よろ》シク朝廷ヨリ出《い》ヅベキ事」

とされていたから、武力討幕論とはかなり趣《おもむき》を異にする。要するにこの頃、龍馬

は薩長土の討幕論者たちとは同床異夢《どうしょういむ》の関係に陥《おちい》っていたと考えられる。

　しかも、この後の幕末史は一見大政奉還論がリードするかに見えた。龍馬から「船中八策」を見せられた後藤象二郎《ごとうしょうじろう》が土佐藩前藩主山内容堂《やまのうちようどう》にこれを伝えて土佐の藩論と定め、公卿《くぎょう》や諸侯を説得してまわったからである。いわゆる「大政奉還建白運動」。すると最後の将軍徳川慶喜《よしのぶ》もこれを受け入れ、十月十四日に大政奉還の上表を朝廷に提出。十五日に参内《さんだい》して大政奉還勅許の沙汰書《さたしょ》を受けた。

　すべては十三日の御前会議で決定されたことであったが、象二郎から十四、十五日のスケジュールを伝えられた龍馬は、かたわらにいた土佐脱藩中島信行《なかじまのぶゆき》に大きく溜息をついて語りかけた。

「将軍家今日の御心中さこそと察し奉《たてまつ》る、よくも断じ給《たま》へるものかな、よくも断じ給へるものかな、余は誓《ちか》つて此《この》公の為に一命を捨てん」（渋沢栄一《しぶさわえいいち》『徳川慶喜公伝4』）

　慶喜は天下分け目の戦いに敗れたわけでもないのに、あるいは総選挙で大敗を喫《きっ》したわけでもないのに、政権の座を去ると決断した。これに感動した龍馬は、十月十六日に起草した「新官制擬定書」の原案では、三条実美《さんじょうさねとみ》を関白《かんぱく》に、それを輔佐すべき内大臣（副関白）には慶喜を想定。十一月になってから起草した「新政府綱領八策」においても、

「右　預《あらかじ》メ二三ノ明眼士ト議定シ　諸侯会盟ノ日ヲ待ツテ云々《うんぬん》　〇〇〇自ラ盟主ト為リ　此《これ》ヲ以テ朝廷ニ奉リ」

という表現によって慶喜を諸侯の「盟主」に仮定した（〇〇〇という匿名表記は、貴人の名を直接呼ぶのは失礼にあたるという感覚）。

しかし、史実は明治新政府が慶喜を要人の列に加えなかったことを示している。物書きのなかには「船中八策」が新政体を決定づけたかのように説く人がいるが、そのような見方は贔屓《ひいき》の引き倒しに近いのである。

ちなみに武力討幕論者たちが大政奉還論をどう眺めていたかを列記すると、つぎのようになる。

「所謂《いわゆる》諸生論」（中岡慎太郎）

「老婆之理屈」（桂小五郎）

「十段目は砲撃芝居より致方《いたしかた》なし」（佐々木《ささき》高行《たかゆき》）

「老婆之理屈」とはイギリス人アーネスト・サトーが桂小五郎に教えた表現で、公論となってもそのまま捨て置かれる議論のこと。西郷隆盛にしても大政奉還以前に相楽《さがら》総三《そうぞう》ら約五百人を江戸に送りこんで辻斬り、強盗などを行なわせ、幕府を怒らせて開戦への道を切りひらこうとしていたから、かれらは龍馬の意見などは無視して着々と「砲撃芝居」の準備をしていたわけである。

そして慶応三年十一月十五日、龍馬は京都見廻組《みまわりぐみ》によって斬られて死亡した。享年三十三。

そこで、もしも龍馬が斬殺されなかったら、という「歴史上のもしも《ヒストリカル・イフ》」を考えてみると、前述のように武力討幕は既定の路線であったから、龍馬がこれを阻止できたとは思いにくい。ただし、かれが同年十二月九日にひらかれた新政府要人たちによる小御所会議に出席していたら、幕府にすべての土地と人民の返納を求めるという決定に大反対を唱《とな》えていた可能性は高い。

しかし、このとき慶喜が会議に招かれなかったことを批判した山内容堂について、西郷はぼそりといった。

「唯《ただ》短刀一本あれば足る」（『維新土佐勤王史』）

これを知って反・武力討幕論者だった容堂は怯《ひる》んでしまうのだが、龍馬もあまり強硬に慶喜を擁護《ようご》するとこの方針によって粛清《しゅくせい》されたかも知れない。この時代の党利党略は現代のように口先だけのものではなく、時に命の取り合いとなるすさまじいものであったのだ。

龍馬に関する第二の「歴史上のもしも」としては、かれが生きて明治の世を迎えていたらどうしたか、というテーマがあげられよう。龍馬自身が西郷に将来のことを問われ、

「世界の海援隊《かいえんたい》でもやる」

と答えたことがあったから、一種の商社を設立してその社長業に励んだのではないか、と考えられないこともない。

だが、依田学海《よだがっかい》は龍馬のからだに梅毒性《ばいどく》のバラ疹《しん》が散らばっているのを見たと証言しており、額の毛が抜けあがっていたのは「梅毒のため」と中江兆民《なかえちょうみん》も書き残している。バラ疹があらわれるのは梅毒第二期（感染後三ヵ月から三年）の症状であり、これが第四期（感染後十年以降）を迎えると末期梅毒となってここには書きにくい無残なことになる。

時代の趨勢《すうせい》であった武力討幕論に一石を投じてはみたものの、そんな姿を呈《てい》することにはならず、龍馬が一見颯爽《さっそう》と世を去っていったような印象を残したことをわれわれは喜ぶべきなのかも知れない。

黒田《くろだ》清隆《きよたか》は妻を斬殺したか

高校で用いられる教科書に、黒田清隆という名前はゴチック体で登場する。ゴチック体で記されるのは、入試問題に出る名前だからかならず覚えよ、という意味だ。この人物のプロフィルを、とりあえず簡便な日本史辞典によって思い出しておこう。

「**くろだきよたか　黒田清隆**　1840—1900（天保《てんぽう》11—明治33）政治家。薩摩《さつま》藩出身。討幕運動に加わり、戊辰《ぼしん》戦争では五稜郭《ごりようかく》を攻撃。1870（明治3）開拓次官、'74長官となり北海道の開拓にあたった。翌年江華島《こうかとう》事件処理のため朝鮮に赴く。'77西南戦争で征討参軍として活躍。'81開拓使官有物払下げ事件で世論の攻撃を受け、翌年開拓使廃止により内閣顧問となる。'88首相となったが、条約改正の失敗により辞任。のち逓相《ていしょう》、枢密院《すうみついん》議長などを歴任」（『角川新版日本史辞典』）

以下しばらく、ここには記述されていない黒田清隆の性格について見てゆく。

黒田はなによりも情の人であり、それは明治二年（一八六九）五月まで箱館五稜郭に籠《こも》って明治新政府軍と戦いつづけた旧幕府蝦夷《えぞ》地脱走軍が、降伏開城に踏み切ったときの行動によくあらわれている。

当初、新政府は脱走軍の幹部である榎本武揚《えのもとたけあき》（旧幕府海軍副総裁）、松平太郎《まつだいらたろう》（おなじく陸軍奉行並）、大鳥圭介《おおとりけいすけ》（おなじく歩兵奉行）、荒井郁之助《あらいいくのすけ》（おなじく海軍軍艦頭）などは切腹刑に処すつもりでいた。しかし、黒田が坊主頭になって助命を嘆願《たんがん》したため、新政府はその熱意にほだされてかれらを禁錮《きんこ》するに止めたのである（明治五年釈放）。

なぜ黒田が助命嘆願に走ったかというと、それは榎本武揚の行動に感心させられたことがあったためである。すなわち五稜郭の降伏開城に先立つこと四日、明治二年五月十四日の時点で榎本は、フランス人オルトラン著『海上万国公法』第三版を黒田に贈った。同書はまだ和訳されていない貴重な書物だったから、すでに死を覚悟していた榎本は、同書が自分の遺体とともに焼けてしまうのはまことに惜しい、と考えたのだ。

これに感謝した黒田は二日後には五稜郭へ酒五樽《たる》を贈ったほどで、このやりとりは戊辰戦争の最後を飾った美談といってよい。

さて私は栃木《とちぎ》県立宇都宮《うつのみや》高校のOBなのだが、日本史の授業中に担当の花村富士男《はなむらふじお》教諭（故人）がアドリブ口調でこういったことは忘れられない。

「黒田清隆という男は酒乱であって、自分の女房を日本刀でブッタ斬ってしまったこともあったんですね」

それから今日までの四十数年間、私はこの大変なスキャンダルの根拠はどこに書かれているのだろう、と思いつづけてきた。ところが二〇一〇年の五月、マツノ書店が小松緑《こまつみどり》著『伊藤《いとう》公と山縣《やまがた》公』（昭和十一年、千倉書房刊）を復刻し、私に一冊贈ってくれた。著者の小松緑は伊藤博文《ひろぶみ》と山県有朋《ありとも》の秘書官をつとめた人物で、右のスキャンダルの実相についてもあきらかにしているので、以下しばらくその部分を紹介することにしよう。

「両公（伊藤・山県）の親友でしかも同僚たる参議兼開拓使長官黒田清隆が酒の上とはいひながら、無慙《むざん》にもその夫人を斬り殺したといふ大事件が勃発したことがあった。

当時、その真相は暗《やみ》から暗に葬《ほうむ》られて、到頭分らず仕舞《じま》ひになつたが、一般に流布《るふ》された風説に拠ると、黒田参議が深夜芝神明《しばしんめい》の待合から泥酔して麻布《あざぶ》の自邸へ帰つた時、夫人がすぐに出迎へなかつたとか、何か嫉妬《しっと》がましいことをいつたとかで、黒田が忽《たちま》ち癇癪《かんしゃく》を起し、床の間にあつた平素愛翫《あいがん》の太刀を取り、抜き打ちに夫人を斬り殺したといふのである。

或《あるい》は斬り殺したのではない、鉄拳で殴り殺したのだといひ、或は足を揚げて蹴殺したのだともいふが、いづれにせよ、明治十一年の三月二十八日の夜に、黒田夫人が変死したことだけは疑ひもない事実であつた」

夫人は旧幕府旗本中山勝重《はたもとなかやまかつしげ》の長女で、名をお清《せい》。明治二年十一月に十五歳で黒田家へ嫁ぎ、男女各ひとりを産んだもののそろって夭折し、以後はとかく健康がすぐれなかった。

「当時政府はこの事件の新聞掲載を差し止めたけれども、人の口には戸が立てられず、麻布黒田邸の近辺では、夜中に夫人の悲鳴を聞いたと女中が話したとか、或は血だらけの衣類が焼き棄てられたとか、或は血に染《そま》つた畳が洗はれたとか、いろいろな噂がそれからそれへと伝はつた」

こうなっては、政府としても黙殺できない。気の弱い太政《だじょう》大臣三条実美《さんじょうさねとみ》は心配のあまり、霞《かすみ》ケ関《せき》の右大臣岩倉具視《いわくらともみ》邸で臨時閣議をひらいた。

その席上、参議兼内務卿大久保利通《おおくぼとしみち》は発言した。

「黒田は拙者《せっしゃ》の同郷人であり、且《か》つ最も親しい友人である。随《したが》つて拙者は何人《なんぴと》よりもよくその性格を存じてをる。黒田は断じてその愛妻を殺すが如き、無慈悲な人物では御座らぬ。（略）諸卿においても拙者の言ふことを信じて下されたい」

伊藤博文は、大久保に自分の意見を伝えた。

「只今貴卿の仰せられた通り、黒田参議が故意に人を殺すやうな人物でないことは、我等も素《もと》より信じて疑はない所である。しかし、たゞそれだけでは、未だ以《もっ》て世間の疑惑を一掃するに足るまいと思はれる。就《つ》いては、黒田夫人の死因を確《たしか》める為《た》め、内務卿の権限を以て、適当な措置を執られては如何《いかが》で御座らう」

大久保がこれを了解した結果、内務省警視局の川路利良《かわじとしよし》大警視の出番がきた。ふたたび『伊藤公と山縣公』から引用する。

「その翌日、川路大警視は、今日の物議はたゞ単に黒田夫人の病死か将《は》た変死かの問題に帰着するが故《ゆえ》に、警務長官たる自分が全責任を以て、夫人の死体を検分すると触れ出し、医師を伴ひ部下を率ゐて、黒田家の墓地に急行した。

やがて棺を掘り起し、その蓋を開けさせ、川路自ら死体を検分しつゝ、左右を顧みて、

『一同よく見よ、絶えて他殺の形跡がないではないか。』

と宣言し、自分の手で鄭重《ていちょう》に元の通りに蓋を載せ、そのまゝ棺を埋めさせた。

川路はその足で、内務省に出頭し、右の趣を大久保に復命した。

この思ひ切つた処置の結果として、さしも騒がしかつた物議も、忽ち鳴りを鎮《しず》めてしまつた」

では黒田夫人はなぜ死んだのかというと、お清夫人は一年前から結核《けっかく》を病んで糸のごとく痩せ衰えていた。

「然《しか》るに、彼《か》の日、黒田君は既に登衙《とうが》の時刻にも及び、朝衣《ちょうい》を着換へて、将《まさ》に出んとするに臨み、夫人も常の如く其《そ》の前に跪《ひざまず》き、さらばと一言、俯して拝せらるゝ機《おり》に、声の咳嗽《せき》と共に夥《おびただ》しく紅血を吐かれ其の儘《まま》事切れたれば、君は固《もと》より左右に侍せる女中達も、一同愕然として奈何《いかん》とも為すべからず当惑されしを、知らざる者は、吐血の跡を見て、かゝる不経《ふけい》（でたらめ）の説を為せし者と思はれたり」

と、小松緑は結論づけている。

しかし、平常は情の人である黒田清隆が、酒を飲むと性格の変わってしまう酒乱であったことは事実だ。

あるとき西郷従道《さいごうつぐみち》が名刀を手に入れたと聞いて、黒田がその屋敷へ押し掛けたことがあった。むりやりその刀を出させた黒田は、

「これは斬れそうじゃ」

といって振りまわす。そして大喝《たいかつ》一声、床柱に斬りつけると、ものもいわずに帰っていったという。

お清夫人が、エラい男と結婚してしまったことだけはたしかなようだ。

「東洋一の用兵家」立見《たつみ》尚文《なおぶみ》

日清戦争の戦場が朝鮮半島を北上してゆくにつれて、アメリカの新聞『ニューヨーク・ヘラルド』が「日本随一の戦術家」として高く評価した男がいた。それが元桑名《くわな》藩士立見尚文陸軍少将。

立見が明治二十七年（一八九四）八月に仁川《じんせん》に上陸した時、日本陸軍はすでに首都漢城《かんじょう》（ソウル）を奪い、平壌《へいじょう》へ北上しようとしていた。だが、平壌とその周辺には清《しん》兵一万五千ないし二万がいるのに、日本はわずか一万の兵力。しかも各地に押さえの兵力を残してゆかねばならないから、最前線には五千しか向かわせられなかった。

しかし、その最前線に躍り出た立見支隊は強く、総攻撃当日の九月十五日は平壌東側の牡丹台の砲塁を抜いて清将左宝貴《さほうき》を討ち取り、降伏と見せて逆襲を図った清兵の偽計を見破って平壌一番乗りを果たした。

とはいえ、将たる者は実戦に強くとも占領行政に巧みでなければ名将の名に値しない。立見は路傍《ろぼう》で泣いていた孤児を馬上に抱きあげて入城することによって地元民を感服させ、北の九連《くれん》城、鳳凰《ほうおう》城も攻め破った。入城すると司令部のほかに電信通信所と善後局を開設。徴発も徴発委員によるもの以外は厳禁としたので、のちに戦争犯罪として問題になるような事件はまったく起こらなかった。

さらに北進し、樊家台《はんかだい》という谷底の村を挟んで黒龍江《こくりゅうこう》将軍依克唐阿《イクタンア》の兵力三、四千と対峙した時の立見支隊の兵力は千三百足らず。だが、立見は敵弾の命中率が低いと見て左右高地の敵を無視し、樊家台に置かれていた本営へ中央吶喊《とっかん》をおこなわせて一方的勝利を挙げた。

人呼んで「樊家台の新戦術」。これに驚いた野津道貫《のづみちつら》中将は「立見少将は東洋一の用兵家だ」といったほどだから、『ニューヨーク・ヘラルド』の評は過褒《かほう》でも何でもなかった。

立見の寡兵をもって大軍に対する胆力と冷静な観察眼を育てたのは、戊辰《ぼしん》戦争である。桑名藩雷神《らいじん》隊を率いて越後《えちご》・会津《あいづ》・出羽《でわ》を転戦。つねに薩長《さっちょう》勢を撃破して長州《ちょうしゅう》の山県有朋《やまがたありとも》を嘆《なげ》かせた立見は、「佐幕派強い者番付」の筆頭に挙げられたほど。

心ならずも戊辰戦争に敗れた結果、立見は司法省の下級官吏となるが、明治十年、西南戦争が起こるや陸軍歩兵少佐・新撰旅団参謀副長として出征。最終戦となった城《しろ》山岩崎谷《やまいわさきだに》への突入戦には攻撃兵千三百余を率いて出動し、西郷隆盛《さいごうたかもり》を被弾自決に追いこんだ。その雄姿は錦絵《にしきえ》に描かれたほどであり、もし立見が薩摩か長州の出身だったら元帥になっていたとしても不思議ではない。

ついで日露戦争には、立見は陸軍中将・弘前《ひろさき》第八師団の師団長として参加。満州《まんしゅう》へ北進するとクロパトキン大将率いるロシア軍三十数万は奉天《ほうてん》（瀋陽《しんよう》）付近まで南下し、兵力半分以下の日本軍を一気に叩こうとした。大山巌《おおやまいわお》満州軍総司令官は、これをただの偵察と考えていたから始末が悪い。

その間に世界最強のコサック騎兵は黒溝台《こっこうだい》へ南下して、この村を前線基地とした。明治三十八年一月二十五日、立見師団に攻撃が命じられた時点で、その兵力は八個師団。

それでも立見が焦らなかったのは、苦境を脱するには強襲につぐ強襲あるのみ、と戊辰戦争以来信じていたためである。敵陣へ五百メートルの距離まで銃を撃たずに肉薄し、銃剣と刀による夜襲をかけた立見の前にロシア軍は敗走。日本軍の死者千五百五十五に対し、ロシア兵の遺体は七千八百三十余に達していた。

欧米の専門家の間では、日露戦争は黒溝台の戦いで決まった、といわれている。

日清・日露戦争寸感

降る雪や明治は遠くなりにけり

日露戦争勃発の三年前に生まれた中村草田男《なかむらくさたお》のこの秀句には、過ぎ去りし時代への郷愁が姿良く表出されている。

明治の「人と時代」を慈しんだことでは司馬遼太郎《しばりようたろう》さんもおなじだが、司馬さんの場合は、その愛惜《あいせき》の情が軍部の暴走した次なる時代への嫌悪感につながった。この感覚は、よく知られていることだが、司馬さんに左のような疑念を抱かせた。

——日清・日露戦争のころの日本人は、健全であった。しかるにその後日本人はどこかでねじ曲がり、亡国の大戦争に突入した。どこで日本人は変わってしまったのか。

『坂の上の雲』を読んだころ、私はこのような立論の仕方になるほどと思い、自分なりにこの問題を考えてみようとしたものだった。

しかし、筆一本の暮らしに入って十三年目の今では、そのようには発想しなくなった。明治への郷愁は、つまるところ明治維新の大変革をある程度評価した時に胚胎《はいたい》する。私は幕末維新史を学ぶうち、維新の勝ち組の胡散《うさん》臭さが気になりはじめたので、見る目が変わってしまったのだ。

たとえば以下に列記する見解は、各種の史料によってかなり論証の可能なことどもである。

▽勝海舟《かつかいしゅう》が日本の海軍を育てたというのは、海舟の大ボラから生まれた話でしかない。

▽幕末の賢侯のひとりといわれる松平 春嶽《まつだいらしゅんがく》（福井《ふくい》藩主）は、尊王攘夷派に憎まれそうな役目を松平容保《かたもり》（会津《あいづ》藩主）に押しつけてばかりいた卑怯者である。

▽坂本龍馬《さかもとりょうま》は梅毒《ばいどく》を病んでいたから、もしも暗殺されていなかったら大変な姿になっていた可能性がある。

▽慶応《けいおう》二年（一八六六）十二月に三十六歳の若さで崩御《ほうぎょ》した孝明《こうめい》天皇の死因は、天然痘《てんねんとう》ではなく砒素《ひそ》による毒殺であろう。毒を盛った黒幕は、岩倉具視《いわくらともみ》。

▽同三年、幕府の遣米使節団に翻訳係として同行した福沢諭吉《ふくざわゆきち》は、和文英訳などとても出来なかった。その上、公用金一万三千ドルを使いこんだとする説もあるから、幕

府が大政奉還をおこなわなかったら厳罰に処されたかも知れない。
▽薩長《さっちょう》両藩に与えられた討幕の密勅なるものは、実は岩倉具視が玉松操《たままつみさお》に書かせた偽文書である。
▽奇兵隊は隊士たちの身分を問わない近代的軍隊だったといわれるが、その実、身分差別と給料のピンはねが日常的におこなわれる前近代的な集団であった。
以上のようなことがわかってくると、どうも明治維新を絶賛称揚する気にはなれなくなるのだ。


にもかかわらず現代人が明治という時代を懐しむ理由のひとつとして、軍人たちに古武士然とした者が少なくなかったことが挙げられるかも知れない。海軍士官第一号の元帥となった、旧薩摩《さつま》藩士伊東祐亨《いとうゆうこう》の場合を見てみよう。

天保《てんぽう》十四年（一八四三）生まれの祐亨の渾名《あだな》は、「桃太郎の人形」。大柄な美少年だったためだが、かれには十歳になっても一、二と指折りかぞえて五に至ると、そこで詰まってしまうというおっとりしたところがあった。六から先は折った指を立ててゆくということに、思い至らなかったのだ（小笠原長生《おがさわらながなり》『元帥伊東祐亨』）。

海軍軍人としての祐亨は、部下たちにやりこめられても、「わはは、またやられたわい」と破顔一笑して根に持たない器量人。艦隊戦術は「軍事の天才」島村速雄《しまむらはやお》の提唱した単縦陣戦術を鷹揚《おうよう》に受け入れ、初代連合艦隊司令長官として日清戦争中の二大海戦（黄海《こうかい》海戦、威海衛《いかいえい》海戦）を勝利に導いた。

その結果、清《しん》国北洋水師の提督丁汝昌《ていじょしょう》が自殺すると、情の人でもある祐亨は、その遺体を故郷に送るために分捕った運送船一隻《せき》を独断で提供するというふところの深さも見せた。このような判断は、天皇の大権に属するものだというのに。

この行為は博文館が月三回出していた『日清戦争実記』に世紀の美談として報じられ、祐亨は当時もっとも有名な軍人となった。だが自分ひとりが英雄視されることを嫌ったかれは、一首詠《よ》んだ。

もろともにたてし功《いさお》をおのれのみ世にうたはるる名こそつらけれ

明治三十六年（一九〇三）十月、海軍軍令部長として海軍大臣山本権兵衛《やまもとごんべえ》と非公式に会見し、対露開戦となれば東郷平八郎《とうごうへいはちろう》を三代目の連合艦隊司令長官に指名する、と決めておいたのも祐亨であった。その人柄に惹《ひ》かれた私が、『侍たちの海　小説伊東祐亨』（読売新聞社）を上梓したのは六年前のこと。その後、御子孫たちが伊東家秘蔵の掛軸《かけじく》を贈って下さったため、この掛軸は私の宝物となっている。

ただし、かつては「長《ちょう》の陸軍、薩《さつ》の海軍」ということばもあったように、海軍にあっては薩摩閥《ばつ》が主流であった。その点を考慮すると、祐亭の栄光の生涯はこの閥に属し、かつ武運に恵まれたため、と複眼で眺めるべきなのかも知れない。

そこで祐亭とは対極にあった人物を求めてみると、のちの陸軍大将立見《たつみ》尚文《なおぶみ》が浮かび上がる。

佐幕派の雄藩だった旧桑名《くわな》藩の出身、戊辰《ぼしん》戦争中は雷神隊《らいじん》を率いて新政府軍と戦いつづけたかれのおかげで、桑名兵は佐幕派最強の部隊と高く評価された。西南戦争の最終戦、鹿児島《かごしま》は城山《しろやま》、その岩崎谷《いわさきだに》への攻撃兵を指揮して西郷隆盛《さいごうたかもり》を自決に追いこんだのもかれであり、その姿は錦絵にも描かれた。

日清戦争中、つねに中央突破の強襲によって清の大軍を撃破しつづけた尚文は、「戊辰の賊徒」と呼ばれた汚名を雪《すす》ぐことをなおも願っていたのであった。米紙『ニューヨーク・ヘラルド』は、かれを「日本随一の戦術家」と呼ぶことすらためらわなかった。

この立見尚文が遺憾なく名将ぶりを発揮したのは、日露戦争における黒溝台《こっこうだい》の戦いにほかならない。

旅順《りょじゅん》を落として満州《まんしゅう》を北上しはじめた日本軍を、クロパトキン将軍率いるロシア軍は三十数万と倍以上の兵力で叩きつぶそうとした。世界最強と自他ともに認めたコサック騎兵をふくむその一部は、奉天《ほうてん》（今の瀋陽《しんよう》）まで南下。結氷した渾河《こんか》を楽々わたって黒溝台という名の村を前線基地としたのだ。

大山巌《おおやまいわお》をトップとする満州軍総司令部は、これをただの偵察とみなしていたのだからどうしようもない。一月二十五日、弘前《ひろさき》第八師団すなわち立見師団に黒溝台攻撃が命じられた時、すでにこの方面のロシア軍は八個師団にふくれあがっていた。

しかも歩兵主体の日本軍に対し、ロシア軍にはコサック騎兵のほかに速射砲と機関砲が多数配備されていた。雪原が日本兵の血で赤く染まった責任は、大山総司令部のものでなければならない。

あわてた大山総司令部は、二十八日に三個師団を急派した。これによって右翼軍と左翼軍を編成することのできた立見師団は、決死隊を出して夜襲に転じた。これは敵前五百メートルまで忍び寄ってから銃剣と刀による突撃に移るという、ロシア軍には驚天動地の戦法であった。戊辰戦争の東軍中最強の桑名兵を指揮した立見尚文は、夜《や》陰《いん》に乗じての抜刀斬りこみが敵に与える恐怖感をよく知っていたのだ。

その結果は、立見師団の死者千五百五十五に対し、ロシア軍のそれは一万以上。徴兵されて弘前第八師団に配属された東北健児たちの力戦敢闘をねぎらい、かれは狂歌を詠んだ。

黒鳩《クロパト》が蜂に刺されて逃げ去れりもはや渾河と立ち見けるかな（八）

ここで立見師団が壊滅していたら、大山巌とその幕僚たちは軍法会議にかけられても不思議ではなかった。

さらに三月に戦われた奉天会戦で日本が陸戦の勝利を決定づけたため、いつも話者の目はそちらへむけられがちのようだ。だが、黒溝台の勝利がなければ奉天会戦はあり得なかったのだから、日露の陸戦最大の功労者は薩摩人でも長州人でもなく、旧桑名藩出身の立見尚文と考えるべきなのだ。

欧米においてはともかく、なぜ日本では以上のような見解が定説たり得なかったのか。こんな点に注目すると、日清・日露をめぐる議論にはさらに掘り下げるべき余地がありそうに思われる。

武士道精神が生きていた時代

日清・日露の史料をまとめ読みしていた十七、八年前にあらためて気づいたのは、この時代に活躍した将官には戊辰《ぼしん》戦争や西南戦争に出動した経験の持ち主が非常に多い、という事実であった。いわばこれらの男たちは幕末までは武士として育ち、明治日本の近代化と並行して軍人としての道を歩みはじめたのである。

そうであるからには、日清・日露戦争には、

「まだ武士道の精神が生きていた時代におこなわれた対外戦争」

という一面があったと見て差し支えない。

たとえば旧薩摩《さつま》藩に生まれ、薩英《さつえい》戦争に参加してイギリス海軍の強さを間近に見せつけられた伊東祐亨《いとうゆうこう》という豪放磊落《らいらく》な薩摩人がいる。これを契機として海軍を志した伊東は、西南戦争に際しては軍艦「日進《にっしん》」の艦長として薩軍追討に参加。日清戦争がはじまると、連合艦隊の初代司令長官として清《しん》国の北洋水師を鎧袖一触《がいしゅういっしょく》してみせた（黄海《こうかい》海戦、威海衛《いかいえい》海戦）。

そして、北洋水師の提督丁汝昌《ていじょしょう》が敗北の責任を取って服毒自殺したと報じられた時のこと。伊東はその柩《ひつぎ》が不潔なジャンクに乗せられて故郷に運ばれると聞くや、戦利品として捕獲したばかりの運送船「康済号《こうさいごう》」を清国側に返還し、これに丁汝昌の遺体と遺品を乗せて送るよう指示したばかりか、余裕があれば将士を乗せてもよいと付言した。

大日本帝国憲法のもとでは宣戦講和や条約締結は天皇の大権に属するから、いかに司令長官とはいえ戦利品の一部を勝手に敵国に返すことは許されない。というのに、あえてこのように命じたところに伊東なりの武士道の精神があったのだ。

この美談は博文館発行の『日清戦争実記』に大きく報じられたため、伊東は一夜にして英雄としてもてはやされることになった。しかし、かれはつぎのような和歌を詠《よ》むばかりであった。

もろともにたてし功《いさお》をおのれのみ世にうたはるる名こそつらけれ

右のエピソードは拙作『侍たちの海　小説伊東祐亨』（角川文庫）に詳述したことがあるが、まことにいい話なので再度紹介しておきたい。

さて、日清戦争中に伊東司令長官を輔佐した参謀は、土佐《とさ》出身の島村速雄《しまむらはやお》であった。島村は伊東の推薦によって東郷平八郎《とうごうへいはちろう》が連合艦隊の第三代司令長官に指名されると、やはり伊東の推挙によって参謀長に就任し、対露開戦決定の報に接することになる（第二代司令長官は有地品之允《ありちしなのじょう》）。

島村もまた古き良き武士道の体現者であり、ややもすれば冒険主義に流れる作戦参謀秋山真之《あきやまさねゆき》の言動をひそかに危惧していた節がある。

ロシアの旅順《りょじゅん》艦隊が旅順港の奥深くに逃げこんでしまい、連合艦隊が対抗して旅順閉塞戦をこころみていた最中のこと。彼我の駆逐艦隊同士が交錯して、その一隻《せき》「暁《あかつき》」に死傷者が多く発生したにもかかわらず、秋山は旗艦「三笠《みかさ》」にその死傷者を収容する作業を中止させて攻撃に転じようとした。

すると、島村は秋山を叱《しか》りつけた。

「瀕死の戦傷者を打棄《うちす》て行くとは何事ぞ」（中川繁丑『元帥島村速雄伝』）

のちの太平洋戦争中、全軍特攻を呼号してやまなかった将官たちと島村の違いは、おそらくこのひとことにある。

また島村は部下への思いやりにあふれた人柄であり、なにか失策を犯して軍歴に傷をつけてしまった部下にはその傷を帳消しにする機会を与えつづけた。

たとえば高崎元彦《たかさきもとひこ》大尉は巡洋艦「春日《かすが》」の当直将校をつとめていた日に「吉野《よしの》」が異常接近してきたことに気づかず、結果として「吉野」が沈没するという最悪の事態を引き起こしてしまった。さらに「厳島《いつくしま》」の砲術長だった糸川誠太郎《いとかわせいたろう》大尉は十二センチ砲の仰角を上げすぎてから砲弾を発射し、砲を破損してしまった。

それを知った島村がしたのは、海軍陸戦隊指揮官黒井悌次郎《くろいていじろう》大佐に手紙を書くことであった。島村は黒井大佐に、このふたりを陸戦隊に配属させて戦功を立てさせてほしい、と申し入れたのである。

この島村は、実戦に際してもひとつの佳話を残している。

明治三十七年（一九〇四）八月十日に旅順艦隊を潰滅させた連合艦隊が、翌年五月二十七日から二十八日にかけて日本海海戦をおこない、バルチック艦隊撃滅に成功したのは周知の通り。これ以前に参謀長から第二艦隊司令官に転出していた島村は、巡洋艦「磐手《いわて》」に座乗してバルチック艦隊の海防艦「ウシャーコフ」を追撃したのだが、その「ウシャーコフ」を沈没させてからの行動がみごとだった。

島村は「磐手」と僚艦「八雲《やくも》」を「ウシャーコフ」の沈没ポイントに急行させると、端艇《たんてい》を下ろしたばかりか舷側《げんそく》からロープをずらりと垂らし、溺死寸前の敵兵たちの救助活動をおこなわせた。その結果、島村はおよそ四百名の「ウシャーコフ」乗組員のうち、なんと三百三十九名も収容することができたのである。

「収容された将卒等は最後まで戦ひ、力尽きて俘虜《ふりよ》と為つたから彼等は自ら名誉の俘虜なりと信じ、卑屈なる態度なく、我《わが》艦隊にても彼等に対して同情を以《もつ》て待遇し、彼等に被服を与へ、衛生酒を飲ましめ、又《また》兵員同様の食事を与へたので、彼等をして大《おおい》に安堵せしめた」（同）

終生自分の功を語らなかった島村はサイレント・ネイビーの典型であるが、まことに花も実もある武人であった。

しかし、このような佳話はひとり島村だけのものではない。

陸軍にあっては明治三十七年六月二十日に大山巌《おおやまいわお》元帥を総司令官とする満州《まんしゆう》軍総司令部が編成され、旅順のロシア軍要塞の攻略にむかった第三軍（乃木希典《のぎまれすけ》軍司令官）以外の第一軍（黒木為楨《くろきためもと》）、第二軍（奥保鞏《おくやすかた》）、第四軍（野津道貫《のづみちつら》）は、こぞって満州へ北上していった。その第四軍がロシア軍から奉天《ほうてん》省海城《かいじよう》県の柝木《たくぼく》城を奪った直後の付近の状況は、つぎのように報じられた。

「鳥、声なくして山寂々《せきせき》、新戦場の丘上渓間《きゆうじようけいかん》、早くも処々《しよしよ》に露兵埋葬の墓と記せる木標を見る。嗚呼《ああ》死は凡《すべ》ての人を神聖ならしむ、敵なればとて、彼等は勇敢に戦ひて、一死其《そ》の国に酬《むく》ひたり、敵の死者を厚葬して、骨を曠野《こうや》に曝《さら》すの辱《はずかしめ》なからしむ、我の露軍を待つや、どこまでも文明的なり」（博文館発行『日露戦史』第五巻）

同書によると、同年八月三日に発見された歩兵卒の負傷者マルテルコーロフは、第一野戦病院に収容されたものの四日の午後七時に永眠。その墓碑銘《ぼひめい》には、

「誠に哀悼《あいとう》に堪《た》へず、特に我大日本帝国は、古来より武士道を尊重する国にして、従《したがい》て近時の軍隊、亦其《またその》気風を養成せり」

と埋葬した理由を述べる一節があったという。当時の日本軍が、「東洋の野蛮人」などといわれることのないよう、懸命に武士道の精神と赤十字条約を守りながら戦っていたことがよくわかる。

では、ロシア側のいくさぶりはどうであったかというと、前掲書所収の「帝国陸軍公報」には、つぎのような例が報じられている。

――太平嶺《たいへいれい》付近の戦闘に負傷した歩兵一等卒山平光太郎《やまひらこうたろう》は、倒れている間にロシア軍兵卒に銃剣で左脛部《けいぶ》を刺され、ついで将校から刀（サーベルか）で胸を刺されて人事不省に陥《おちい》った。

――二等兵卒小谷千造が頭部に砲の破片を浴びて谷底に転落したところ、ロシア軍将校二名と兵卒十数名があらわれて日本軍負傷者を見つけると靴で足を蹴ってから拳

銃で射殺するのを見た。

――同人も腿《もも》を蹴られたので「何をする」と叫ぶと、将校は面白そうになにか話しながら同人の腕を拳銃で撃ち、もうひとりの将校は刀で右肩を刺した。同人はのちに野戦病院に収容されたため、このことを語り伝えることができた。

だが、このように述べながらも日本軍は、「だからロシア人は血も涙もない輩《やから》なのだ」と決めつける愚は犯していない。野津道貫は、ロシア軍の特徴を正しく分析していた。

「敵の我と戦ふの軍兵は、或《あるい》は波蘭《ポーランド》人、或は芬蘭《フインランド》人、若《も》しくは西比利亜《シベリア》辺境の民にして、人種を異にし、言語を異にし、雑駁《ざつぱく》にして統一を欠き、愛国的観念、義勇奉公の精神に乏《とぼ》しき兵ならずや。然《しか》るに此《こ》の雑駁、無教育なる兵を駆りて戦場に立たしめ、是《こ》れ丈《だけ》の戦《たたかい》を為さしむる露軍高等司令部の材能《ざいのう》に至りては、決して侮るべからざるものあり」（同）

ロシア軍高級将校は貴族階級に属し、伝統の騎士道精神を身につけていた。だからかれらは、敵の負傷兵を見つければ嬲《なぶ》って喜ぶような者だけではなかったのだ。

ここで乃木第三軍による旅順要塞攻略戦の死傷者数を押さえておくと、つぎのようになる。

第一回総攻撃（明治三十七年八月十八日〜二十四日）は、戦闘参加兵力五万五六二六人、死傷者一万四七三四人。第三回総攻撃（同年十月二十六日〜十一月五日）は、戦闘参加兵力五万一七五二人、死傷者一万五二六〇人。

十二月一日となって二〇三高地でなお激戦がつづいていた時、ロシア軍の東鶏冠山《ひがしけいかんざん》北砲台からなにか叫んだ将校がいた。通訳にいわせると、そのことばは左のようなものであった。

「貴軍将卒の死屍《しし》は、我堡塁《ほるい》間に充溢せり、貴軍之《これ》が収容を欲せば、一人の指揮者に四名の担荷卒を付し、赤十字旗を樹《た》てゝ収容の為《た》めに来《きた》るべし、我は貴軍の勇敢なる戦死者に対し、飽《あく》まで同情を表するも、未だ収容の運びに至らずして頗《すこぶ》る遺憾を感じつゝあり」（『日露戦史』第十巻）

この呼びかけに応じた第三軍は、十二月三日の一日だけで遺体三三二を収容することができた。まことに興味深いのは、この収容部隊がオーギスト・ダルダン中将以下と名刺を交換しあったばかりか、日本軍からは煙草《たばこ》、ブランデー、ウイスキーが贈られ、なごやかに会話して最後には彼我そろって記念写真におさまったことであろう。

ロシア側将校のなかには、日本軍に助言してくれた者もいた。

「日本の赤十字旗は余り小なる為《た》め、日章旗と誤り易し、宜《よろ》しく旗の大なるものを用うべし」

やがて遺体収容は盤龍《ばんりゅう》山、松樹《しょうじゅ》山方面でもはじまり、十二月十四日は互いの捕虜の名簿交換がおこなわれた。ロシア軍要塞に捕われていた日本兵は陸海軍あわせて百五名、日本軍もほぼ同数の捕虜を得ていた。

その席上、ロシア側はウォッカや菓子、缶詰で日本軍側を接待し、特に手紙を大量に持参して本国に送ってくれるよう申し入れた。

「我軍司令官は渡辺大佐が武士の情をもつて、之を取扱ふ事を許可したり（略）、敵は郵便電信料を払はんと申出《もうしい》で、大佐は其儀に及ばずと告げしに、然らば日本赤十字社に寄付し、勇敢無双なる日本戦士の治療費に当てられたしと百八留《ルーブル》の金を渡し、大佐は快く受領せり」（同）

ほかにも、日本軍がパンを配るとロシア兵はきちんと並んで喜々としてこれを受け取り、「暫《しば》し敵たり味方たるを忘れしめた」エピソードなどが伝えられている。

明治三十八年一月五日、水師営でおこなわれた乃木将軍、ステッセル将軍の開城規約調印は、「水師営の会見」として名高い。

この時、両者が互いの武勇を称えあったこと、乃木将軍がロシア側代表団に帯剣を許したこと、ステッセルが乃木勝典《かつすけ》・保典《やすすけ》兄弟が戦死したことに対して父である乃木大将に哀悼の意を表し、さらに二頭の名馬を贈ったことなどは、一連の美談として日本に報じられた。

この一場面だけに注目すると、これは乃木将軍とステッセル将軍の個人的資質によって生まれた美談のように感じられてしまう。だが実際は、日本軍には武士道の心が、ロシア軍将校のうちには騎士道の精神が息づいていたために、それを象徴するようなやりとりが「水師営の会見」においておこなわれた、ということであろう。

II

時代は巡る

三内丸山《さんないまるやま》遺跡で考えた

あれからもう三十年以上経ってしまったが、私はラルフ・S・ソレッキ『シャニダール洞窟の謎』を読んだ時の感動を今でもよくおぼえている。これは旧石器時代のネアンデルタール人についての考古学的研究で、特に墓の土の鑑定結果が瞠目《どうもく》するに足るものだった。

その土のなかからは、同時代の花粉がたくさん検出された。それまで知性などさほどなかったと見られていたネアンデルタール人は、実は花を愛し、死者を埋葬するとその墓を花でおおう優しい人間だったことが初めて世に知られたのだ。

先史時代に関心を寄せつつ暮らしていると、時にこれに似た感動を味わうことができる。

平成十九年（二〇〇七）六月に台湾《たいわん》に行った時には、台南《たいなん》科学工業園区のうちにある考古文物陳列室を訪ね、約四千八百年から四千二百年前に生きていた古代人の「仰身直肢葬」にされた姿と小型犬の完全化石を見ることができた。その犬はからだをちょっと丸めて眠った姿で埋葬されていたから、あきらかに台湾の古代人は犬を食べるのではなく、ペットとして可愛がる人々だったのだ。

それから四ヵ月後、十月二十四日には「縄文の至宝《じょうもん》」といわれる三内丸山遺跡を初めて見学することができたので、以下この遺跡の文章スケッチを試みる。

日本最大の縄文遺跡として特別史跡に指定されている三内丸山遺跡は、青森市《あおもり》の郊外、JR青森駅の南西三キロにある。われわれはさらに南の青森空港からタクシーでむかったのだが、取材時期を十月と決めたのは、十一月になって降雪を見ると、三十五ヘクタールにも及ぶ遺跡全体が雪に埋もれてしまうからだ。

当日は快晴であり、視界のはるか右側（東）につらなる八甲田山《はっこうださん》の稜線と赤い実をつけたナナカマドの街路樹が美しかった。空港からの距離は、タクシー代にして約三千円。

入口にはもはや三内丸山のシンボルとなった観のある逆三角形の顔の板状土偶の大模型が飾られ、その奥に縄文時遊館と名づけられたガラス張りの瀟洒《しょうしゃ》なビルが建っていた。平成十四年、青森県は三内丸山遺跡を公園化した「三内まほろばパーク縄文時遊館」を建設、館内に縄文シアター、縄文ギャラリー、体験工房などを設け、年間三十七万人もの見学客を受け入れているのだ。

受付にゆくと、まもなく小柄な男性があらわれて名刺交換となる。頂戴した名刺には、こうあった。

「青森県教育庁文化財保護課／三内丸山遺跡対策室／室長岡田康博」

岡田氏は平成四年にこの遺跡の本格的発掘がスタートして以来一貫して調査にあたってきた人で、好著『遙かなる縄文の声――三内丸山を掘る』（NHKブックス）の著者でもある。そのプロ中のプロが遺跡を案内して下さるとは聞いていなかったので、こちらはすっかり恐縮してしまった。

縄文時遊館と宏大な面積を誇る遺跡とは、時遊トンネルで結ばれている。これは一種のタイムトンネルであり、このトンネルを抜ければわれわれは、約五千五百年前から四千年前までつづいていた縄文時代の大集落跡に足を踏み入れることができるのだ。

そのトンネルをゆきながら岡田氏が最初に解説してくれたのは、食べものの話。

「発掘された花粉の八割は、クリとクルミのものでした。ドングリは、あまり出ません。特に多いクリはDNA分析の結果、野生種ではなく栽培種だったことがわかっています。クリの木は、建築材としても用いられていました」

三内丸山遺跡のこの特徴は、かつて新聞各紙に大々的に報じられた。私もまことに興味深くその記事に読みふけったひとりだが、右の事実から縄文人のイメージは大きく塗り替えられることになった。

昭和二十四年（一九四九）生まれの私が学校で学んだところでは、縄文人は狩猟と採集によって暮らしていた、とされていた。狩猟と採集の生活はアフリカ・カラハリ砂漠のサン族（俗称ブッシュマン）、オーストラリアの先住民アボリジニなど、さほど一定の家に住むことにこだわらず移動して生きる者たちを連想させる。

しかし、クリがすでに栽培されていたのなら、縄文人は人工的に造林されたクリ林の近くで定住生活を送っていたことになり、定説はくつがえされる。考古学はこのようにして進んでゆくのか、と思っていたく感心した私は、その後クリ御飯を食するたびに縄文のクリ林に思いを馳《は》せるようになった。

しかも、クリという古代日本語から発生したことばは大変多い。クルミ、ドングリはあきらかにその例だし、クルブシはクリのように出っ張っている骨、という意味だろう。ハマグリの語源は、浜辺で採集できるクリの実のような貝に違いない。ほかにも栗毛、栗形、栗石、栗鹿子《かのこ》、栗柴、栗皮などクリを形容詞的に用いた単語の多さから見ても、かつてクリはほかの木の実とは別格の存在だったことが推定できる。

さて、時遊トンネルを抜けたわれわれの前には、八・四メートル幅で復元された縄文時代の道路が左右に伸びていた。狩猟・採集生活なら道もけもの道に似た踏みつけ道だったろうと以前は考えられていたから、この道幅自体が画期的な発見なのである。

往時は凹字型に整備されていたという道を左（西）へむかうと、道の左側の盛り土を指して岡田氏がいった。

「ここからは、直径四メートルほどのストーンサークルが列になって二十二個見つかりました。その中心に墓がありますから、これはあきらかに環状配石墓です。三内丸山には約八千年前から縄文人が定住しはじめ、それ以降に生まれた人々は先祖を共有していたわけです」

これらの墓群を「南の列」と表現すると、北へ四百二十メートルもつづいてゆく道路の両側からは「北の列」が発見されている。墓の多さに較べて出土した遺体は少ないものの、総じて縄文人には近親結婚を避ける傾向があった。それを前提にして、岡田氏は書いている。

「たとえば、オーストラリアのアボリジニ社会のように、集落の中でグループを二つにわけて——これを半族、モイエティと言う——、婚姻の際には、必ず異なる集団かされるといったようなシステムが縄文社会にもあったことが十分に推測される。

三内丸山も二つの異なる集団（半族）で構成されていた可能性が見受けられる。（略）南の列に葬られる集団の成員は、たとえば結婚相手を北側のグループに求めるという規制があったのかもしれない」（『遙かなる縄文の声』）

ところで三内丸山の縄文人はどんな姿をしていたのか、という点についても同書中に解説がある。

「身長は男性が平均一五七センチ。女性がそれより一〇センチくらい小柄である。しかし、（略）骨格がしっかりしていて、非常にたくましく、敏捷《びんしょう》だったようだ。それは前腕と下腿《かたい》、つまり腕の肘《ひじ》から先と脚の膝《ひざ》から下が、現代人に比べて相対的に長かったということから推定できる。（略）

顔つきは、角張っていて、眼は二重《ふたえ》まぶたがくっきりとしており、やや奥まっている。眉間《みけん》の隆起が強く、鼻のつけ根がくぼんで、彫りの深いはっきりした顔だちということになる」

縄文美人の典型は吉永小百合、弥生《やよい》美人の典型は岩下志麻。岡田氏は巧みに表現してくれたが、平均寿命は三十歳、子供の墓が八百八十基と大人のそれの四倍も発掘されたことから見て乳児死亡率が非常に高かったと考えられるという。

ここでもう一度三内丸山遺跡の地形をおさらいしておくと、今の青森湾の海岸線は北四キロに位置し、遺跡はそこへ流れこむ沖館《おきだて》川右岸の河岸段丘上にある。標高は二十メートル。

縄文時代は年平均気温が今より二、三度高かったため海水面も現在より五メートル高く、三内丸山集落は沖館川の河口と干潟《ラグーン》に面していた。

またこの集落には南北ふたつの谷があり、南の谷には今も湧《わ》き水があることから往時も水汲み場だったと考えられる。掘ってもゴミが出てこないのはおそらくそのためだが、対して北の谷の泥炭層《でいたんそう》にはゴミや汚物が溜まっていたので、こちらはゴミ捨て場、もしかするとトイレも兼ねていた可能性がある。厠《かわや》は川屋であり、日本人は大昔から水洗式のトイレを使ったことがはっきりしている。北の谷にも水があがってきていたのなら、ここは日本最古の厠だったかも知れない。

さて、「南の列」沿いの道を途中で右に折れると、よく整地された草原のなかに復元された竪穴《たてあな》式住居が点在していた。これには樹皮葺《ぶ》き、茅《かや》葺き、土葺きの三種の別があるのでどういうことかと思ったら、岡田氏はいった。

「いろいろな説がありますので、代表的な三つの説に従ってそれぞれの復元をしているのです」

そのうちのひとつに入ってみると、地面を〇・五メートルないし一メートル掘り下げた半地下の床がひろがっていて、面積は十平方メートル弱。炉《ろ》のないところとこの面積が、後述する大型竪穴住居以外のすべての住居の特徴だという。

「住居が大中小にわかれていないのは、核家族で暮らしていたのかも知れません」

とは、岡田氏の説明。かつてはこの復元家屋に火をつけた不届き者もいたそうだから、このような史跡を管理する苦労も並々ではないようだ。

これらの竪穴式住居をひとまわりしてさらに「北の列」に近づくと、楕円《だえん》形に掘られた大人の墓がひとつガラス張りで展示されており、その先左側、つまり「北の列」にはさまれた四百二十メートルの道路の起点に、茅葺き屋根掘立柱の高床式建物が三戸復元されていた。

われわれが中学・高校の日本史の授業で学んだ高床式の建物といえば、静岡県の登《と》呂《ろ》遺跡（弥生時代）の米倉ぐらいしかない。だから高床式というとイコール弥生時代という連想に走りがちなのだが、三内丸山からこれらの建物の柱穴が発見されたことによって、このような考え方が誤りだったことも証明されたのだ。

柱穴の列が発見されて、その柱が高床式建物のものだとわかるのは、柱にかこまれたスペースに炉や床などの痕跡《こんせき》がないことによるという。稲作がはじまる前、縄文人は次第に栽培種となったクリやクルミを採集しては、集落共有の建物に運び入れて大切に貯蔵していたのだろう。

弥生時代になると佐賀《さが》県の吉野《よしの》ヶ里《り》遺跡のような物見櫓《ものみやぐら》を持つ環濠集落が発達し、その一方で戦死したものとおぼしき遺体も発掘される。頭頂に銅の鏃《やじり》が突っ立っていた女性人骨（長崎県平戸市、昭和二十五年発見）、全身に十数本もの矢を浴びていた「土《ど》井《い》ヶ浜《はま》の英雄」（山口県豊北《ほうほく》町〈現・下関《しものせき》市〉、同二十九年発見）などである。

大陸渡来の弥生人は犬も食べたし、備蓄された米の争奪をくり返す好戦的な生活を送ったのだ。対して縄文人は台南出土の古代人に似て犬は食べなかったし、戦闘用の武器が発見されないことからきわめて平和な人々だったと考えられる。

冒頭で触れたラルフ・S・ソレッキの研究によれば、ネアンデルタール人は老いて狩猟のできなくなった者は歯で毛皮を鞣《なめ》す仕事に従事させ、姥捨《うばす》て山へ送ったりはしなかった。岡田氏によると北海道虻田《あぶた》町（現・洞爺湖《とうやこ》町）で出土した縄文女性の人骨には小児マヒの病痕が顕著だったが、成人近くまで生きていたことが知れた。ネアンデルタール人も縄文人も弱者切り捨てをおこなわなかったのだから、われわれもう先史人類イコール非情な野蛮人という連想は慎《つつ》しむべきなのだ。

高床式建物の西側に復元されている、大型竪穴住居も見物だった。長さ三十二メートル、幅九・八メートル、建坪にして九十坪と国内最大規模のこの住居は、ここまでくるともう竪穴式というよりロングハウスといった方がふさわしい。その内部の一角には太いクリの柱が屹立《きつりつ》していて、後世の大黒柱の初期の形態ではないか、とすら思いたくなる。

その手前には石でまわりをかこんだ囲炉裏《いろり》跡があり、ここからはクルミや魚の焼けたものが出土した由。

「柱は表面を焦がして腐りにくくしてありました。炭の九割もクリでしたから、クリの木は実を食べるだけでなく柱、薪《まき》、炭とリサイクルされていたようです」

とは、岡田氏の弁。往時は二階建てだったと見られるロングハウスの使用目的については、共同作業場、集会所、厳冬期の共同家屋などの諸説があるそうだが、時に学者のなかには強硬に自説を主張するあまり、ほかの説の主唱者を誹謗《ひぼう》して恥じないタイプがいる。岡田氏は淡々と諸説があることを紹介してくれる点でも、最高のガイドだった。

この三内丸山遺跡には、南北二ヵ所に盛土《もりど》が見られる。土偶《どぐう》、ミニチュア土器、ヒスイの玉や装身具などが出てくる場所だが、遺跡の北の隅には大小三つの建物があって、発掘現場の形態をそのまま展示していた。

その第一は、土器のかけらが多数混じった北盛土の展示室。第二は円筒状土器に納められ、南北の列よりも居住地近くに埋葬されていた一歳未満の幼児たちの墓の展示室。

「この土器は底を抜かれているところが共通していますが、魂の出入り口と考えたのかも知れません。一般の煮炊《にた》き用の土器とは用途の違う土器だということを示しているのかも知れません」

と岡田氏はいったが、「魂の出入り口」説は私には興味深かった。

幼児たちの墓が成人のそれより居住地の近くに設けられたのは、文字通りその幼児たちが親にとっては人生をまっとうした死者たちより近しい存在だったからだ。女性が十四、五歳で出産し、多産多死の生涯を送った往時においては、あるいは新たに生まれた子は死んだ子が「魂の出入り口」を通って蘇《よみがえ》った姿と認識されていたのかも知れない。

素人《しろうと》がこういうのはなんであるが、考古学の醍醐味《だいごみ》のひとつは、出土品を丹念に調査するうちに、どうしても対象である化石人骨の精神生活をも復元したくなるところにある。ラルフ・S・ソレッキがシャニダールで調査したネアンデルタール人の墓の土から花粉を多数発見し、かれらを「最初に花を愛《め》でた人たち」と呼んだのもその一例であろう。

そんなことを考えながら第三の建物に入ってゆくと、私は目の前にひろがる光景にいささかたじろいだ。この建物は、三内丸山最大の呼び物である大型掘立柱建物の六個の柱穴をドームですっぽり覆ったものだったのだ。

すでに見た高床式建物も六本柱で支えられ、柱と柱の間隔は三十五センチ（あるいはその倍の七十センチ）を一単位とする、いわゆる「縄文尺」で測られていた。大型掘立柱建物もやはり六本柱、互いの間隔は約四・二メートルすなわち三十五センチの十二倍とされていたが、平成六年七月に発見されたこの柱穴が全国の注目の的になったのは、ロングハウスよりもはるかに太い柱に支えられた背の高い建造物がこの地に屹《きっ》立《りつ》していたことを示していたためにほかならない。

さすがに仰天した岡田氏らが測定してみると、柱穴は直径が約二・二メートルもあるばかりか、深さも一・八メートルから二・二メートルという巨大なものだった。しかも、その穴の底に直径一メートルものクリの柱の基部が残存していたので、これらの六本柱が一セットの構造物と判じられたのだ。

さらにその柱穴を調査してゆくと、北側の柱三本は南に傾き、南側のそれは北に傾いていることがわかった。これは互いがどこか上部で連結されていた可能性を示唆《しさ》し、大林組に計算を依頼したところ、一平方メートルあたり六トンから十トンもの重量がかかっていたという結論になった。

これを直径一メートルのクリの木六本に換算すると、最小で十四メートル、最大で二十三メートルの高さだったことになる。もし二十メートルあったとすると、縄文時代に吉野ヶ里の物見櫓をしのぐ高さの建築物が存在したことになって、またしても時代のイメージが塗り替えられる。

新聞が大騒ぎしたのもそのためだが、今日の三内丸山遺跡には、発掘現場とロングハウスの間にこの建築物の実物大復元形が天にそびえている。ロシアから輸入した長さ二十メートルのクリの木六本の間に三層の床をつけたもので、これを仰いでいると「縄文タワー」と呼びたくなってくる。

私は今、仮りに「縄文タワー」と呼んでみたが、この建造物が大型掘立柱建物というちょっと不粋とも思える名称になっているのは理由なしとしない。

これについてはただの六本柱説、大型高床式建物説、大型高床式建物で漆《うるし》で着色されていたとの三説があり、後二者の説では最上層は屋根に覆われていたとされている。しかし、その用途についても灯台説、魚の見張り台説、拠点集落としてのランドマーク説、天文台説、宗教施設説（神殿説）などがあって、まだ確定していない。そこで目下は屋根のない姿に復元されているため、大型掘立柱建物としか呼びようがないのだ。

でも私は、これは考古学的に穏健で評価すべき態度だと思う。私は日本式の城郭が好きなのであちこちに復元された城をまわっているが、ありもしなかった天守閣を造ってしまって物議をかもしたしろものもある。小倉《こくら》城の天守閣のように、絵図で破風《はふ》はなかったとわかっているのに、それでは格好がつかないという愚かしい理由づけで破風をつけてしまい、復元の名にまったく値しなくなっている城もある。

それらに較べるとこの三内丸山遺跡は、竪穴式住居を三つの説によって並行的に復元していることといい、これといい、妙な自己主張を控えている分だけ気持よく見学することができた。

空港のレストランで昼食を摂ってからやってきたわれわれが、遺跡展示室で段ボール箱にして四万箱分もあるという出土品も見学してから外に出たのは午後四時過ぎのこと。すでに日は大きく西に傾いて大型掘立柱建物は巨大な影絵と化し、一面の草地には夕風が立って、時間は東京と違ってゆっくりと流れているように思われた。

この三内まほろばパークのうちには縄文時代から生えていた落葉広葉樹しかないため、赤や黄色に紅葉した木の葉がことのほか美しい。

これから三内丸山遺跡の研究がどのように進んでゆくのか、私は考古学ファンのひとりとして楽しみに見守ることにしよう。

邪馬台国《やまたいこく》論争を考える

　私の義兄は、早大理工学部卒、神戸製鋼に入社してアフリカその他でプラントの製作にあたったガチガチのエンジニアである。旅行手段は、とにかく飛行機。趣味は鉄道模型作り、ドライブ大好きという人なので、かつて私は第三者にむかってこう表現したことがある。

「あの人は、世界はガソリンと鉄とネジで出来ていると考えている」

　むろんこれは冗談だが、そんなことをよく思い出すのは古代史ファンの集まりから講演を依頼された折り、出席者のひとりが大胆にもこう発言したことがあったからだ。

「邪馬台国問題については、『魏志倭人伝《ぎしわじんでん》』と『古事記』『日本書紀』を読みさえすれば、自説を立てることができる。私もこれから、一冊本を書いて一稼ぎしようと思います」

　残念ながら、この人がその後「一冊本を書いて一稼ぎ」したとは聞いたことがない。しかし、私が右の講演をおこなったのは昭和六十一年（一九八六）四月のことだったから、このころはすでに在野の古代史ファンが邪馬台国論を著述しても不思議ではない出版状況だったことだけは確実である。

それにしても、昭和の邪馬台国ブームはどのようにして起こったのか。この問題については、『季刊邪馬台国』誌の河村哲夫副編集長による簡潔な要約がある。

「一九六五年（昭和四十年＝筆者注）は、中央公論社の『日本の歴史』シリーズの一冊として、井上光貞氏の『神話から歴史へ』が刊行され、高校生、大学生、社会人など世代を超えた読者層に支えられ、一大ベストセラーとなった年である。

三品彰英氏（『邪馬台国研究総覧』の著者＝同）が述べられるように、この年から『邪馬台国の大衆化』が一気に進んだ。そうして、出版業界は古代史の分野に金鉱脈が潜《ひそ》んでいたことを明確な形で認識した。

一九六七年一月には、宮崎康平氏の『まぼろしの邪馬台国』（講談社）が刊行され、一九六七年十一月には、江上波夫氏の『騎馬民族国家』（中公新書）が刊行された。

（略）

さらには、一九六七年（正しくは六六年＝同）から松本清張氏の『古代史疑』が中央公論誌上に連載され、翌年（翌々年＝同）単行本として出版され、ベストセラー作家による邪馬台国論への参入が大きな話題となった」（「『季刊邪馬台国』１００号への軌跡」、『季刊邪馬台国』１００号〈二〇〇八年十二月刊〉）

大筋においてこの通りなのだが、邪馬台国関係の出版物に文芸作品もふくめると、話は横光利一《よこみついち》の『日輪』（大正十二年〈一九二三〉発表）にまでさかのぼらねばならない。さらに松本清張にスポットを当てるなら、『古代史疑』より先に書かれた『陸行水行』に言及したいところである。

『日輪』は、卑弥呼《ひみこ》を主人公とするわが国初の近代小説であった。ただし、同作は、「近代小説の手法を古代に適用して、蜃気楼《しんきろう》を固定しよう」（フローベール「サント・ブーヴへの手紙」）

としたフローベールの歴史小説『サラムボー』の手法を日本に持ちこんだ野心作ではあっても、邪馬台国の所在地論争にまで踏みこんだ作柄ではなかった。

『日輪』は邪馬台国を耶馬台国としているところに特徴があり、その位置を阿蘇山《あそざん》を思わせる「阿久那《あくな》の山」の西方にひろがる「小山の原」とするのみである。

対して『陸行水行』の発表舞台は、『週刊文春』昭和三十八年（一九六三）十一月二十五日号〜翌年一月六日号。横光利一とおなじく耶馬台国の表記が用いられているのは、文壇の先輩に敬意を表したのかも知れない。ただし、こちらは登場人物に邪馬台国の所在地について自説を語らせていることと、高度成長期の花形活字メディアだった週刊誌を発表舞台とした点に特徴があった。

昭和四十七年（一九七二）、北大文学部教授だった佐伯有清は『研究史　戦後の邪馬台国』のなかに書いている。

「松本氏は小説『陸行水行』を昭和三十九年（一九六四）に書いており、そのなかで邪馬台国の研究にとりつかれた人物を描いているのは、すでに邪馬台国問題に情熱をそそぐ隠れた人物が、多数存在していたことを物語るものである。またこの小説が広く読まれて人々の間に邪馬台国の謎の解決へいどむ興味をいだかせたことは否定できない。『邪馬台国ブーム』を巻き起こす素地は、早くからあったのである」

いわば『陸行水行』は、「邪馬台国の大衆化」に最初に寄与した作品だったのだ。同作は昭和三十九年九月——東海道新幹線が開業し、東京オリンピックがひらかれる前夜に新書判「ポケット文春」シリーズの一冊として刊行され、同四十八年には四六判単行本として文藝春秋から再刊行された。つづいて同五十年には文春文庫に収録され、平成十九年（二〇〇七）八月にも新装版の文春文庫が出されたほどだから、読み捨てられることの多い推理小説としては異例にも、四十年以上の長きにわたって読みつがれていることになる。

今年（二〇〇九）は松本清張の生誕百年にあたるそうなので、私見を述べる前にまずこの作品の粗筋《あらすじ》を振り返っておこう。

Ｉ　「東京の某大学の歴史科の万年講師」川田修一は、大分県宇佐《うさ》郡安心院《あじむ》町に旅して「愛媛県温泉郡吉野村役場書記」の名刺を持つ浜中浩三と出会う。浜中は在野の耶馬台国研究家であり、川田に自説を開陳してやまなかった。

II　その内容は、つぎのごとし。

①『魏志倭人伝』の里程記事の読み方には、「南」を「東」の誤記とする説、伊都国を中心に放射状に読む説などがあるが、私は記事通り素直に読むべきだと思う。『倭人伝』をよく読むと、末盧《まつろ》国→伊都《いと》国→奴《な》国→不弥《ふみ》国まではちゃんと里程が書いてあるのに、そこから先は日数だけしか書かれていない。中国からの使者は里程を記したところだけを歩き、それから先は想像だけで書いたからこうなったのであろう。とすると、われわれは耶馬台国の位置を考えるには不弥国を基点とみなすべきである。

②私は末盧国を定説の唐津ではなく、その少し西北寄りの佐賀《さが》県東松浦《ひがしまつら》郡呼子《よぶこ》町と考え、伊都国をおなじく糸島《いとしま》郡ではなく、福岡県朝倉《あさくら》村の筑後《ちくご》川北岸にある志波《しば》付

近（『和名抄』の恵蘇《えそ》）と考える。

奴国《なこく》は大分県森町付近、不弥国は安心院盆地である。安心院は阿曇《あづみ》の転訛《てんか》であり、阿曇が縮まって「不弥」になったのであろう。
③不弥国から投馬《つま》国に至るには「南に水行二十日」とのみあって、陸行する際の必要日数がなぜか出ていない。「水行」というと学者たちはすぐに海を想像するが、川だってあり得るのではないか。不弥国（安心院盆地）から駅館川《やつかんがわ》（『古事記』の菟狭川《さがわ》）を下って海岸に出、そこから別府《べっぷ》湾に沿って南下したのである。投馬国は、別府南方の臼杵《うすき》（『延喜式』の伝馬《てんま》）であろう。
④すると耶馬台国は「宮崎県と鹿児島県の間」、霧島《きりしま》のもっと阿蘇寄りとなろう。
「耶馬台国も相当大きな権力を持っていたから、今でいう一部地方に限定するのは誤りです。もっと大きな版図と考えていいでしょう。あるいは阿蘇もその一部だったかもしれません。ですから、水行十日と陸行一ヵ月かかるわけです」

Ⅲ　浜中と別れて帰京した川田は、それから一ヵ月ばかり後に、浜中が地方紙に出した広告を見つける。そこには、こう書かれていた。

「耶馬台国考について郷土史家の意見を寄せられたし。中央学者の説によらない独創的なものを希望する。優秀な論文については東京の有名書店より論文集出版の用意あり」

Ⅳ　さらに半年後、川田のもとに未知の人から手紙が届いた。そこには、およそ以下のようなことが書かれていた。

——新聞広告を読み、手紙を出したところ浜中氏が訪ねてき、あなたの説は面白いからぜひ原稿を書いてくれ、ついては出版費用の一部を負担してほしい、というので二万円わたした。知人も同様に三万円出し、私ともども原稿を送ったが何の返事もない。村役場宛に手紙を書くと、そのような吏員はいない、彼は村はずれの掘立小屋に住み、バタ屋をしているが現在は行方不明になっている、という返事だった。

一体、彼は詐欺漢《さぎかん》なのか。彼が川田先生の名刺を見せてくれたので、おたずねする次第である……。

Ⅴ　被害者からの手紙は、それからも続々と舞いこんできた。そのうちに、大分県臼杵の女性から手紙がきた。

——耶馬台国マニアの主人が浜中氏に連絡したところ、氏が訪ねてきて主人から二万円の寄付を受けた。一週間後に再来訪した時には三、四泊滞在し、ふたりで地図をひろげてなにやら調べていた。四日目、主人はふたりで耶馬台国を確かめにゆくといって、五十万円持って出た。それから一カ月半になるが、主人はいまだに音信不通である。一体、浜中とはどういう人物なのか教えてほしくてこのような手紙を差しあげます……。

VI　川田が返事を出し、女性から捜索願いを出したという手紙をもらって三週間目に、彼女から三通目の手紙がきた。五月二十五日、ふたりが福岡県朝倉郡原鶴《はらづる》温泉に宿泊していたことがわかったという。

原鶴温泉の西側には、浜中が伊都国に比定する朝倉村恵蘇ノ宿がある。してみるとふたりは、浜中が末盧国とする佐賀県東松浦郡呼子町から出発し、伊都国までを徒歩で踏破したのだろう。ならばつぎには、奴国から不弥国（安心院）にむかうのではないか。その間には高原がひろがるばかりで、車の通れる道はない。浜中が犯罪を起こすとすればここだ、と川田は思う。

VII　しかし、二週間後にまた臼杵の女性から手紙がきた。

「ご心配をかけましたが、主人と浜中さんの死体は、今朝八時ごろ国東《くにさき》半島の尖端の富来《とみく》という海岸に溺死体となって漂着しました……」

浜中たちは、不弥国から実際に水行二十日を試みたのであった。五十万円で小さな漁船を買い求め、国東半島の尖端をかすめて『古事記』にいう速吸瀬戸《はやすいのせと》にさしかかったころ、激しい潮流と荒波に襲われて転覆、溺死したのだろう、と川田は思った。

「私の眼には、浮世ばなれした古代史の研究家が原始の旅人に還って、悠々と船を漕いでいる姿が泛《うか》ぶのであった。詩人の彼らは、昼は太陽の運行を眺め、夜は北極星をみつめて、決して『南を東に取違える』ようなことはなかったであろう」

以上が『陸行水行』の粗筋だが、注意すべきは、あくまでもこれは推理小説だということである。多くの郷土史家から論集出版を名目に金を借りまくり、最後に五十万円を懐にした男とともに姿を消す浜中浩三――彼は詐欺漢なのか、本当に邪馬台国研究者なのか。その謎がどう解明されるか、という点こそがこの作品の最大の眼目なのだ。

推理小説の作法にのっとり、この謎は最終ページに至って解き明かされた。だが、読者が浜中の真の姿を知って感じるのは、

「やれやれ、浜中は詐欺漢ではなかったのか。よかった、よかった」

といった類《たぐい》の安堵感ではない。われわれは邪馬台国に関する自説をフィールド・ワークによって実証しようとしてバタ屋に身を落とし、ついには命を投げ出してしまう

この人物の、「朝《あした》に道を聞かば夕《ゆうべ》に死すとも可なり」という表現に比すべき暗い情熱に打たれるのである。

のちに作者自身が、回想的に書いている。

「『邪馬台国』にはずいぶん以前から興味を持っていたが、それを小説として初めて書いたのが『陸行水行』という題で、『週刊文春』に載せた。週刊誌向きの題材ではなかったのでどうかと危うんだが、眇《びょう》たる短篇だったのに、意外に反響があった。この小説では『邪馬台国』に憑《つ》かれた九州に住む二人のアマチュア研究家を登場させたのだが、こうしたマニアは九州、四国、近畿に多い。反響があったのもそれらの人々からである」(「着想ばなし」⑰、『松本清張全集』第五十五巻月報所収)

おもに「九州、四国、近畿」の邪馬台国マニアから「反響があった」というのは、これらの人たちが浜中浩三に自分たちの似姿を見出したためにほかならない。

さらにこの作品には、清張の個性が色濃く滲《にじ》み出したところがある。清張には拭いがたい学歴コンプレックスがあって、それが世の中のあらゆる権威に対する反骨精神となってあらわれていた。たとえば、つぎのように。

「大体『魏志倭人伝』の記事は、見方によっては大へん意地悪い記述です。そこから解釈の混乱が起るのですね。各人各説で面白いのですが、どの学者も自分に都合の悪

い点は『魏志』の記述が間違っているとか、誤写だとか、錯覚だとか云って切り捨てています」（浜中浩三のせりふ）

「いや、学者というものは身勝手なものですよ。のちの時代になって文献も豊富になり、いろいろと遺物、遺跡などが発見されれば、それに拘束されて大胆な飛躍はできないのですが、この『魏志倭人伝』に関する限りは立証文献がほかに無いものですから、中国ののちの典拠などを持ち出して勝手な熱を吹いています」（同）

「まあ、あの論争はほかに実証的なものがないので、アマチュアでも十分参加できるわけです。しかし、歓迎すべきことですよ。学問が一部の学者の独占物になっていては本当の姿ではない。（略）それには学問の表現手段が自分たち仲間同士にだけ通じる用語であってはならないね。難解な専門語や文章が、高級な学者の発言だという迷妄は、もうそろそろ打破しなくてはなりませんな」（川田の先輩講師のせりふ）

このように古代史を専門とする歴史学者全般へのきびしい批判は、黙殺されることに慣れてきた在野のマニアたちにとっては快哉《かいさい》を叫ぶに足ることであったろう。『陸行水行』の成功の原因は、つねに時代を先取りする作家といわれた清張にふさわしく、読者たる邪馬台国マニアたちの欲望を率先して肯定し、その内部に鬱積《うっせき》した感情を解き放ってみせた点にある。

さらに付言しておくべきは、清張が同作品中に浜中浩三説として自説を述べるだけでは物足りず、本格的な邪馬台国研究に突きすすんだことである。

「これ（『陸行水行』）は推理小説として書いたから、邪馬台国学説史などにはふれなかった。そこでもう少し本格的な論文を書かねばと思い立った……」（「着想ばなし」⒄）

その結果は、すでに題名に触れた『古代史疑』（初出は『中央公論』昭和四十一年〈一九六六〉六月号～四十二年三月号、四十三年三月中央公論社刊）および『邪馬台国〈清張通史1〉』（初出は『東京新聞』ほか同五十一年一月一日～五月二十七日付、同年十一月講談社刊）その他にまとめられた。

すでに見たように、特に前者は昭和四十二年一月に刊行された宮崎康平『まぼろしの邪馬台国』（講談社）が大反響を呼び、空前の邪馬台国ブームをまきおこした時期に出版されたこともあって、世の注目を集めたのだ。

そこでもう一度『陸行水行』にもどって邪馬台国論議の内容を見ると、オリジナルな考え方はつぎの三点に要約できよう。

一、耶馬台国は畿内ではなく九州にあった。その位置は宮崎県と鹿児島県の間である（Ⅱの④）。
二、そこへ至る「水行」には海だけではなく川もふくまれる（Ⅱの③）。
三、「耶馬台国の女王、卑弥呼はヒムカ（日向）（ヒメ）であり、つぎの女王の台与はトヨ（豊）ツ（ヒメ）」である。

しかし清張は、『古代史疑』以降は「三」の所説を維持しながらも、邪馬台国の所在地論争からは身を引いてしまった。『魏志』の里程記事・日数記事のなかの数字は三、五、七の奇数を「陽数」として尊ぶ陰陽《いんよう》五行説によるもので、実態を反映させない「虚妄《きよもう》の数字でしかない」としたためである。

「投馬国でも邪馬台国でも、ただ、伊都国から遠いところにあるというだけで、それを陳寿《ちんじゅ》が机上で水行・陸行の『陽数』の日程にでっちあげたにすぎない。（略）『水行』は、大きな川や海があるという伝聞が帯方《たいほう》郡の報告書にあったので、それを陳寿が行程のなかにとり入れたにすぎない。水行を筑後川、有明《ありあけ》海、周防灘《すおうなだ》、瀬戸内海、日本海などと考えるのも、意味のないことである」（『邪馬台国〈清張通史1〉』）

とはいえ邪馬台国論争の中核をなすのは所在地論争なのであり、昭和四十二年（一九六七）から同四十四年にかけてつぎのような著作が発表されて主要な論客の顔がほぼ出そろった。

安本美典『邪馬台国への道』(筑摩書房)、同『神武東遷』(中央公論社)、田辺昭三『謎の女王卑弥呼』(徳間書店)、原田大六『邪馬台国論争』(三一書房)、古田武彦「邪馬壹国」(『史学雑誌』78―9)

さらに同四十八年には高木彬光がベッド・ディテクティブの手法で書いた『邪馬台国の秘密』(光文社カッパ・ノベルス)を刊行したところ、発売後一年間で三十八万部を売りつくすベストセラーになった。これは東大医学部教授神津《かみづ》恭介が邪馬台国＝宇佐説を唱えるプロセスを、ほとんど会話体で描いた読みやすい作品だったが、まもなくあちこちから盗作説が噴き出し、松本清張も高木彬光を舌鋒《ぜっぽう》鋭く批判することをためらわなかった。

この盗作論争のあらましは、つぎのとおりである。

Ⅰ　昭和四十九年二月、高槻市の古代史研究家久保泉、「『邪馬台国の秘密』は自分の著書〈邪馬台国の所在とゆくえ――新宇佐説〉(昭和四十五年十月、自費出版)からそっくり引用している」とクレームをつける(『サンケイ新聞』二月二十五日付)。

Ⅱ　松本清張、「高木氏は市村其三郎氏(東洋大教授)の新説(邪馬台国＝宇佐説)などを無断借用している」と指摘(『小説推理』同年七月号)。

Ⅲ　高木の反論(『小説推理』九月号)を受け、松本清張は「高木『邪馬台国』の再批判」（同誌十月号）を発表。高木説は『卑弥呼は神功皇后である』（昭和四十七年、新人物往来社）における市村説のみならず、『「邪馬台国」はなかった』（同四十六年、朝日新聞社）における古田武彦説も下敷きにしているとし、つぎのように斬り捨ててみせた。

「他の学者の独自な見解や結論をほとんどそのまま自著の重要部分や最終結論に利用する態度こそ作家としての氏の意識が問われる。〈邪馬台国の秘密〉はその学術論文的な生命を失っているばかりでなく小説としても中心価値を喪失している」

Ⅳ「京都新聞」同年九月十四日付が「高木彬光氏『邪馬台国の秘密』／新説を無断引用」と題する十段抜きの記事を掲載。「古田氏が引用とみているのは、少なくとも五ヶ所」として左のような類似点を指摘した（以下大意）。

①「水行十日、陸行一月」とは「郡より倭に至る」全行程の全所要日数である。いいかえれば、「水行・陸行あわせて四十日」を要したというのである（『「邪馬台国」はなかった』、以下『なかった』）。

「すると、『水行十日、陸行一月』というのは出発地のソウルからと判断すべきだということですか？」

「そのとおりだと僕は思う。水行十日、陸行一月、四十日の道中を経て、はろけくも来つる女王国ではなかったのかね？」（『邪馬台国の秘密』、以下『秘密』）
②「（魏使は韓国内を）倭人に対するデモンストレーションを行いつつ、行進したものと思われる」（『なかった』）
「魏の使節団、それをみすみす海路日本へ送る手はあるまい。デモンストレーションをかねて陸路をたどる方が、どれだけ有効かわからないのだ」（『秘密』）
③「不弥国は女王の首都『邪馬台国』に密接した、その玄関である」（『なかった』）
「不弥国は邪馬台国の玄関のようなところにあったとしか思えない」（『秘密』）
④「道路は禽鹿《きんろく》の道の如《ごと》し、という記事は単なる（対馬の）風光をのべたものではない。（略）魏使がこの島の西北端に到着し、上陸して東南端にいたるまでの陸路の実地経験をのべているのである」（『なかった』）
「対馬で、道路は禽鹿の道の如し、という表現が出て来るが、たとえば港に面した町では、まさかこんな道路だったとは思えないよ。（略）彼等は風待ちをかね、この島の視察をかねて、デモンストレーションのように、この島を一周したというようなことは考えられないだろうか？」（『秘密』）
⑤他に「二倍年暦」の問題がある。三世紀の倭人は年に二回年をとる暦を使っていた。私（古田）は安本美典氏の指摘を受け、これを展開した。しかし高木氏はこれ

を神津恭介に「発見」させ、会話相手の松下研三に「あざやかな推論」と絶讃させている。

以上のような古田見解は、『邪馬壹国の論理』（昭和五十年、朝日新聞社）に収録された三論文――「神津恭介氏への挑戦状」、「推理小説のモラル」正・続に詳しく展開された。それに対する高木反論は、『邪馬壹国の陰謀』（同五十三年、日本文華社）に詳述された。

ついでにいえば、邪馬台国論争には『A』という題名の本が出ると、『反A』とでもいうべき本が出て『A』の論理を叩くという顕著な傾向がある。出版社名、発行年月日は省略するが、まずは以下のごとし。

宮崎康平『まぼろしの邪馬台国』vs.松田正一『まぼろしではない邪馬台国』、大羽弘道『邪馬台国は沈んだ』vs.藤沢偉作『邪馬台国は沈まず』、肥後和男『邪馬台国は大和である』vs.市村其三郎『邪馬台国は大和でない』、古田武彦『「邪馬台国」はなかった』vs.安本美典『「邪馬壹国」はなかった』などなど。

邪馬台国そのものの研究ではなく、このような副次的出版物の多さが古代史論争をにぎにぎしいものにした大きな一因であろう。

ただし、『邪馬台国の秘密』論争に限定すると、これはあきらかに高木彬光側に非があった。カッパ・ノベルス版が絶版となり、高木が参考文献を明記した『改稿新版／邪馬台国の秘密』（昭和五十一年、東京文芸社。のち角川文庫）を出したことがすべてを物語っている。

なお、当時はだれも指摘しなかったものの、高木には一種の〝前科〟があった。先行作品『成吉思汗《ジンギスカン》の秘密』は成吉思汗が源義経であることを証明（？）した作品だったが、これは小谷部全一郎の奇書『成吉思汗ハ源義経也』（大正十三年〈一九二四〉、冨山房）のデータをほとんど全編にわたって無断引用したものなのだ。そのデータといっても、源義経の音読みゲンギケイはジンギスに通じる、といった程度のものではあるけれど。

さて、松本清張逝って十七年。もしかれが存命であれば大いに注目したであろう出来事が、今日までの間に三つ起こった。

その第一は、寛政年間（一七八九－一八〇一）に津軽の学者秋田孝季が執筆し、和田喜八郎家に伝えられていたという触れこみの『東日流《つがる》外三郡誌』全六巻・補巻一（昭和五十八年〈一九八三〉刊行開始、北方新社）など一連の「和田家文書」が、和田喜八郎自身による偽作だと判明したことである。古代の東北地方に津保化《つぼけ》族王国があり、畿内の邪馬台王国、筑紫の熊襲《くまそ》王国などと並立していたとするこの説は、古田武彦らから熱烈に支持された。

だが、平成五年（一九九三）になってから安本美典編集長と『季刊邪馬台国』編集部の努力によって、すべての「和田家文書」は偽書だと証明されたのである（同誌51号の特集「スクープ『東日流外三郡誌』は、現代人製作の偽書である！」参照）。『陸行水行』の浜中浩三は詐欺漢ではなかったが、やはり古代史に憑《つ》かれている詐欺師は実在したのだ。

ここで微妙な立場となったのは、高木彬光の批判者のひとりだった古田武彦昭和薬科大学教授（当時）。古田は「和田家文書」に「邪馬壹国」という古田説が記されていることから同文書を本物と信じこんだようだが、いつのまにか和田喜八郎側に立って「和田家文書」の偽造にかかわっていた。『季刊邪馬台国』55号（平成六年）には、古田からそのために二百万円の支払いを受けた人物の「念書」が写真版で掲載された。

「一　私は、一九九三年六月から同年七月にかけて、いわゆる『和田家文書』とみられる文書のレプリカ作成を、昭和薬科大教授古田武彦氏から依頼されました。

二　古田教授からは、私に対し、右レプリカ作成の対価として、私名義の銀行預金口座（銀行名・口座番号省略）への振込送金が左のとおりありました。

一九九三年六月一六日　金一〇〇万円

同　　年七月　五日　金一〇〇万円

三（略）

右のとおり相違ありません。

平成六年七月一五日

（住所省略）

桐原正司　実印」

恐れ入谷《いりや》の鬼子母神《きしもじん》、とはこのことである。

しかも、古代史で飯を食っていたペテン師はほかにも存在した。つぎに引用する「旧石器発掘ねつ造」と大見出しをつけた「毎日新聞」平成十二年（二〇〇〇）十一月五日朝刊の大スクープは、まだ御記憶のむきも少なくあるまい。

「日本に70万年以上前の前期旧石器文化が存在したことを証明したとして、世界的に注目を集めている宮城県築館町の上高森遺跡で、第6次発掘調査中の10月22日早朝、調査団長である東北旧石器文化研究所の藤村新一副理事長（50）＝同県富谷町＝が一人で誰もいない現場で穴を掘り、石器を埋めるところを毎日新聞はビデオ撮影し、確認した。（略）今回の2遺跡でのねつ造発覚で、遺跡の信ぴょう性が大きく揺らぎ、我が国の前期旧石器時代に関する研究は根底から見直しを迫られる可能性が出てきた」

私はこういうニュースに接するたびに、もし清張が健在だったらどんなことをコメントしただろう、と思ってしまう。

ちなみに邪馬台国の所在地論争には、大づかみにいうと三説があり、いまだ結着を見ていない。九州説、畿内説、両者を統合する邪馬台国東遷説。

邪馬台国東遷説とは、古代九州にあった邪馬台国が畿内に遷《うつ》って大和《やまと》朝廷の起源となったとするもので、明治時代の白鳥庫吉、大正時代の和辻哲郎、すでに名前の出た市村其三郎もこの説の提唱者。現代では安本美典がもっともこの説の発展と深化に努めていて、その主張を要約するとつぎのようになる。

一、北九州に存在した邪馬台国＝高天原《たかまがはら》の勢力の一部は、卑弥呼＝天照大御神《あまてらすおおみかみ》の死後、南九州へ下った。

二、その勢力のなかから、神武《じんむ》天皇の名で伝えられる人物が登場する。神武天皇は西暦三世紀末に東征し、大和朝廷をひらいた。

三、『古事記』『日本書紀』の伝える神武東征伝承は、邪馬台国東遷の記憶である。
その詳しい内容を知りたい人には、勉誠出版の「安本美典の古代学シリーズ」、特に『大和朝廷の起源　邪馬台国の東遷と神武東征伝承』（平成十七年）をおすすめしたい。

議論がここまで発展するにつれて、もはや清張の『古代史疑』『邪馬台国〈清張通史1〉』等は読まれなくなったかに見える。

しかし私は、この二〇〇八年の夏に山内昌之『帝国のシルクロード』（朝日新書）を読んでいて、おや、と思った。清張の長編小説『火の路』は、ゾロアスター教が中国に伝播して祆教《けんきょう》になり、日本にも飛鳥時代に伝えられていた、という仮説を打ち出したユニークな作であった。イスラム研究の泰斗《たいと》である山内昌之東大教授は、同書の「第三部　日本史とシルクロード異聞」の冒頭近くにこう書いていた。

「松本清張が『火の路』を朝日新聞に連載した一九七三（昭和四十八）年頃には、イランのペルセポリスを奈良の東大寺と結びつけて考える人は少なかった。学界では日本古代史とイラン古代史の専門家が親しく交流する機会は珍しく、ゾロアスター教への関心から日本史の研究者が奈良の古代遺跡を眺める視角などはまずなかったといってもよい。（略）

いずれにせよ、『火の路』は、古代飛鳥の石造遺物の由緒や性格を探りながら、七世紀日本の王朝国家の思いもよらない性格を歴史の謎から徐々にたぐり出した独特な『研究小説』として高く評価されてよいのではないか」

ここまでいってもらえれば、清張もって瞑《めい》すべし、であろう。

付記。本稿には小論「古代史小説の世界」(『季刊邪馬台国』17〜27号)の一部を溶けこませたことをお断りしておきます。筆者

私の「中世」

日本において中世という時代区分は、鎌倉・南北朝・室町《むろまち》時代を指すのだそうだ。たまたま私は高校生のころから『伊勢《いせ》物語』や平安女流文学を愛読し、三十代には歴史雑誌に中世の人物についての読物を執筆、四十歳前後からは江戸時代、特に幕末史に材を得た歴史小説を書くことが多くなった。古代、中世、近世と時間軸に従って好奇心のおもむくままに文学作品や史料を読んできた、と要約してもよさそうなので、ここではそのような物書きの垣間《かいま》見た中世の印象を述べてみよう。

まず私にとって、中世とは武士の時代であった。『源氏《げんじ》物語』に登場する男性は書き手が女流だからかなよなよした性格に描かれていて、とても感情移入できない。しかし、私の父は先の大戦中には満州《まんしゅう》国軍の軍医少尉だった一種の荒くれ者。私の育った栃木《とちぎ》県も人の言動の荒い地方だったから、私はいつか王朝人よりも中世の「もののふ」たちの死生観に関心を寄せたのかも知れない。

武士の発展過程を知りたくてひらいた『陸奥話記《むつわき》』に、八幡太郎義家《はちまんたろうよしいえ》が、

「騎射神の如《ごと》し」

と描かれていたことは今でもよく覚えている。

『奥州後三年記《おうしゅうごさんねんき》』の方にはその義家が、陣中に「剛《ごう》の座」と「臆《おく》の座」を定めておき、その日の戦いに怯《ひる》みを見せた武者は「臆の座」に座らせた、という話があったのも印象深い。

王朝人は「もののあはれ」を尊び、東下《あずまくだ》りの旅の途中にあっても都を思い、恋しい女性の面影を偲《しの》んで涙ぐむ心をもって良しとした。だが、武士たちはそんな感覚とは無縁に生きていた。射芸に長じていることと肚《はら》が据わっていることのみが武士の条件――まことにシンプルな二元論の登場こそが、中世の開幕を告げる鐘の音だったのだろう。

そのような視点から眺めると、『平家《へいけ》物語』こそは古代と中世の交錯する時期を、無意識ではあるにせよ実によく描き出した軍記物だと感じられた。

周知のように『平家物語』には、漢語と撥音便《はつおんびん》、促音便《そくおんびん》を多用し、「射られて」と受身形にすべきところを「射させて」と使役形《しえきけい》にしてしまう男性的文体と、零落《れいらく》してゆく平家の女性たちの運命を語る際の嫋々《じょうじょう》たる文体とが巧みに使い分けられている。前者を新興の武士団をよく描写し得る文体、後者を平安女流文学以来の伝統的文体とみなせば、後者が滅びゆく者の後姿を描く時に採用される内的必然性すら想定したくなるのである。

とはいえ右に述べた「まことにシンプルな二元論」は、一面において古代にはほとんど考えられなかった加虐性を生み出した。

たとえばこれもすでに触れた八幡太郎義家は、清原武衡《きよはらたけひら》を誅殺《ちゅうさつ》して後三年の役もほぼ終結した時点において、武衡の従僕《じゅうぼく》だった千任丸《せんとうまる》という少年をあまりに非道に扱っている。

千任丸はまだ清原勢が金沢柵《かなざわさく》にこもって義家から兵糧攻《ひょうろうぜ》めにされていたころ、

「お前の父頼義《よりよし》は、清原一族の力でやっと安倍《あべ》一族を討てたのではないか。お前はその恩を忘れて、清原家を討とうというのか！」

と憎まれ口を叩いた者である。

「もう一度、おなじことをいってみろ」

義家は面前に引き出された千任丸に命じたが、むろん千任丸は頭《こうべ》を垂れて沈黙したままであった。義家はこれを見て、配下の武士に告げた。

「では、その舌を斬り取れ」

その武士が歩み寄ると、千任丸は歯を喰いしばって抵抗した。すると別の武士が金《かな》箸《ばし》でその歯を突き折り、舌を引き出してこれを切断した。そして、そのからだを手近の木に吊るすや、その足元にすでに斬首されていた武衡の首を置かせた。

「千任なく〳〵あしをかゞめて是《これ》をふまず。しばらくありて。ちから尽《つき》て足をさげてつゐに主の首をふみつ」(『奥州後三年記』)

激情といってしまえばそれまでだが、このように刑を弄《もてあそ》ぶ者の姿は見良いものではない。

しかもこのような加虐趣味は、鎌倉から室町にかけて一貫していたような印象を受ける。

ふたたび例を挙げると、鎌倉二代将軍頼家《よりいえ》があまりの愚かさから外祖父北条時政《ほうじょうときまさ》に見限られ、元久元年《げんきゅう》（一二〇四）七月十八日、伊豆《いず》の修禅寺《しゅぜんじ》で殺されたことはよく知られている。

その最期の模様について、『吾妻鏡《あずまかがみ》』は、

「当国修禅寺ニ於《おい》テ薨《こう》ジ給《たま》フ」

と、まるで自然死であったかのように記している。しかし『北条九代記』には、

「実朝時政《さねとも》、計ひ申して、修禅寺に人を遣し、頼家卿を浴室の内にして潜《ひそか》に刺殺《さしころ》し

奉《たてまつ》る」

とあり、『愚管抄《ぐかんしよう》』にも、

「頸《くび》ニヲ（緒）ヲツケ、フグリヲ取《とり》ナドシテコロシテケリト聞《きこ》ヘキ」

とあることから、無残な殺され方だったと類推できるのである。

私がなぜこれまで鎌倉や室町幕府の将軍のだれかを主人公とする歴史小説を書かなかったかといえば、知れば知るほどこの時代の陰惨さに辟易《へきえき》とさせられてしまうからにほかならない。

とはいえ、右に見た加虐趣味が、この時代を描く軍記物にリアリズムの迫力を付与したことも確かだろう。

建仁《けんにん》三年（一二〇三）七月から八月にかけて、まだ鎌倉二代将軍の座にあった源頼家が大病を患《わずら》った時、かれは死を覚悟して弟の実朝に関西三十八ヵ国の地頭職を、六歳の長男一幡《いちまん》には関東二十八ヵ国のそれと惣守護職とをゆずることにした。

だが一幡の母若狭《わかさ》の局《つぼね》の父にあたる比企能員《ひきよしかず》と実朝の外祖父北条時政が対立し、北条勢は一幡の館である小御所《こごしよ》にこもった比企一族を一気に全滅させてしまう。この日一幡は菊の枝を紋とする小袖《こそで》を着ていたのだが、焼け落ちた館の灰の中から発見されたその遺体について、『北条九代記』はこう描いている。

「小き死骸の燃株《もえぐい》の如くなるが、右の脇の下に小袖僅《わずか》に一寸余り焦残《こげのこ》る、菊の紋見えたり」

またこれは南北朝の時代のことだが、南朝方の勇将だった新田義貞《にったよしさだ》は、後醍醐《ごだいご》天皇から勾当《こうとう》の内侍《ないし》という「天下第一ノ美人」（『太平記』巻十六）を与えられた。ついで延元《えんげん》三年（一三三八）閏《うるう》七月、義貞は転戦した越前《えちぜん》で戦死してしまい、北朝の手によって京に梟首《きょうしゅ》される。

『太平記』がその義貞の最期について、みずからの首を切って埋めたなどと大変な虚構に走ったことから、

「首を打ち落とされてからでも、一働きは十分にできるものと思われる」（山本常朝『葉隠』、奈良本辰也訳）

とする極論も江戸時代にはおこなわれた。しかし一方において『太平記』は、勾当の内侍の目に映ったその首を左のように描写している。

「獄門ノ木ニ懸《かけ》ラレテ、眼《まなこ》塞《ふさが》リ色変ゼリ」

一幡の遺体や義貞の生首については、現代の歴史小説家であってもこう書くところである。人の生命を軽視する時代の風潮が歴史記述の世界に写実主義を生み落とさせたかに見えるのは、ヨーロッパにおいて騎士道物語の発達とその克服が近代文学の誕

生につながったこととパラレルな現象とも感じられ、まことに興味深い。

また日本の中世には、より重要な二元論的歴史観が誕生した。

「源氏か平氏か」

という表現に象徴される源平交代思想である。

たしかに時代は平氏の滅亡から鎌倉幕府（源氏政権）の成立、その執権《しっけん》だった北条氏（平氏）への権力の移行、足利尊氏《あしかがたかうじ》（源氏）による室町幕府の樹立、織田信長《おだのぶなが》（平氏）による日本統一と移ろってゆくのだから、次代の覇者たらんとした徳川家康《とくがわいえやす》があえて源氏を自称した理由もおのずと知れる。

ただし、このような政権交代から一種の経験則として生まれた源平交代思想を通時的な二元論とするならば、南北朝時代には共時的な二元論も発生した。公家と武家が、互いに対立する概念となったことである。

近世になってから体系化された水戸学は南朝を正統王朝と考え、これが明治から昭和二十年の敗戦まで史学界をリードした皇国史観に色濃く反映されたことはよく知られている。だが後醍醐天皇による建武《けんむ》の新政にせよ、その実は、

「公家と武家水火《すいか》の争《あらそい》」（『梅松論《ばいしょうろん》』）

という様相を呈していた。源氏と平家を「源平」と一括するように、公家と武家とを「公武」と呼ぶ慣習も、皇国史観のもとで長く禁書とされてきた右の『梅松論』に早くもあらわれている。

では「公武」を対立概念とする感覚は、その後の歴史にどのような影を落としたのであろうか。結論だけをいうと、このことばは南北朝の合一なった明徳《めいとく》三年（一三九二）からかぞえて実に四百六十年以上たってから政治用語として甦り、

「公武合体」

「公武一和」

といった熟語として用いられるに至った。

安政《あんせい》五年（一八五八）、大老井伊直弼《いいなおすけ》が孝明《こうめい》天皇の勅許を得ることなく日米修好通商条約に調印。これをきっかけに「公家と武家水火の争」が再燃してしまったため、幕府としては右のようなことばを謳《うた》い文句として朝廷との融和を急がねばならなくなったのである。

この策は文久《ぶんきゅう》二年（一八六二）、徳川十四代将軍家茂《いえもち》のもとへ皇女和宮親子《かずのみやちかこ》内親王が嫁いだことによって結実したかに見えた。だが薩長《さっちょう》同盟の成立や家茂の急死などにより、公武合体の世が短命におわったことはよく知られていよう。

そこから尊王攘夷派（討幕派）有利の時代が到来し、戊辰《ぼしん》戦争を経て明治維新へと歴史の歯車はすすんでゆくのだが、尊王攘夷派の志士たちにはみずからを南朝の忠臣になぞらえる傾向が顕著であった。これは、徳川家を足利尊氏の血脈を引く「賊」とみなす発想法でもある。

また、ついに戊辰戦争が始まってからは、東軍（旧幕府軍）に名をつらねた公武合体派大名たちのうちにも動乱の南北朝時代を再現してはならない、として行動を抑制する者もあらわれた。その代表は、会津藩主松平容保《まつだいらかたもり》。

東軍を支援したプロシャ人武器商人ヘンリー・スネルがベトナムから外人部隊を呼んできて西軍（新政府軍）と徹底的に戦おうと提言した時、容保がこれを採らなかったのも右のような理由からであった。

これは、容保がことのほか日本の中世史に通じていたことを意味するのではない。容保およびその同時代人たちが、中世以来の公武の葛藤がなおも幕末史に通底しているのをよく認識していたことを物語る。

時に歴史は、このような形で後世に降り注ぐ。その意味においてわれわれは、中世に起こった波が幕末維新期にまで打ち寄せたことを忘れてはなるまい。

私の古寺巡礼

私は歴史小説や歴史ノンフィクションを書いている物書きである。取材の過程で古寺を巡る必要が生じるのは、およそ、つぎのようなケース。

一、そのお寺が作品の舞台となるので、たたずまいを作中で描写する必要がある時。

二、登場人物の墓がその寺にあり、戒名と死亡年月日を確認したい時。

三、登場人物に敬意を表するため「あなたのことを書かせていただきます」と墓碑《ぼひ》に挨拶したくなった時。

もう十数年前に書き、結果として第百十一回直木賞を受けた、『二つの山河』（文春文庫）は、第一次大戦中に徳島《とくしま》県板野《いたの》郡板東町《ばんどうちょう》（現・鳴門《なると》市大麻町《おおあさちょう》）に置かれた板東俘《ふ》虜《りょ》収容所を舞台とし、その所長松江《まつえ》豊寿《とよひさ》大佐とドイツ人俘虜約一千名の心あたたまる交流を描いた作であった。松江豊寿は、俘虜たちにベートーベンの『第九交響曲』の本邦初演をおこなわせた人物として知られる。

俘虜のひとりパウル・エンゲルの指揮するエンゲル・オーケストラがその日のために練習をおこなった場所は、収容所にほど近い霊山寺《りようぜんじ》の本堂の回廊だと、集めた史料には書かれていた。私はこの記述に接して首をかしげた。お寺の本堂の回廊に大人数が楽器を持って並べるものだろうか、という疑念が起こったからである。

その疑念は、霊山寺を訪れるやすぐに氷解した。そして私は、『二つの山河』につぎのような一文を書きこんだ。

「霊山寺本堂の石造りの回廊は、奥行が深いためステージ代わりに重宝されたのである」

霊山寺は四国霊場巡りの一番札所であり、お遍路《へんろ》さんの数は年間十万人にのぼる。これだけの数のお遍路さんが必ず立ち寄る一番札所だからこそ、霊山寺本堂の回廊は特別に深い奥行を持っているものと思われた。

書けば一文にしかならないが、歴史小説の取材とはこういうものなのである。

平成十三年（二〇〇一）から十五年にかけて『知恵伊豆に聞け』（文春文庫）を書いていた時には、埼玉県新座《にいざ》市野火止《のびどめ》にある臨済《りんざい》宗妙心寺《みようしんじ》派の古刹《こさつ》平林寺《へいりんじ》を訪ねた。

知恵伊豆とは江戸初期の名老中松平伊豆守信綱《まつだいらいずのかみのぶつな》の渾名《あだな》だが、その正室の俗名は不明で、死亡年月日も史料には書かれていない。そこで信綱一族の墓所のある平林寺へゆき、墓碑を確認する必要に迫られたのだ。
信綱夫人の眠る五輪塔《ごりんとう》の正面には、左のように刻まれていた。
「源姓井上氏
　隆光院殿太岳静雲大姉
　寛永《かんえい》十三年丙子《ひのえね》三月七日」
信綱は寛永十三年（一六三六）、四十一歳の男盛りに愛妻と死に別れねばならなかったのである。このような新事実がわかって私は心打たれ、しばらく十三万坪におよぶ境内を散策してみた。
野火止のあたりは、『伊勢物語』の左のような歌の舞台としても知られているからである。
武蔵野《むさしの》はけふはな焼きそ若草のつまもこもれり我もこもれり
そのようなことを思い出していると、松平信綱は正室がもう少し長生きしていたら、ふたりでこの辺を散策してみたかったのではないか、という気がしてならなかった。

古刹には、人を瞑想《めいそう》に誘う力が宿っているのかも知れない。『保科正之《ほしなまさゆき》』（中公新書）や『名君の碑　保科正之の生涯』（文春文庫）を書くために取材をつづけていたころには、もっとたくさんの寺を巡った。

徳川二代将軍秀忠《ひでただ》と秘密の側室お静《しず》の方との間に生まれた正之は、信州高遠《しんしゅうたかとお》藩主保科正光《まさみつ》の養子となって高遠三万石を相続。異母弟の三代将軍家光《いえみつ》に見出されて山形《やまがた》二十万石から会津《あいづ》二十三万石へと移封《いほう》され、会津藩の初代藩主になった人物である。

この人の人生を追うには、まず埼玉県さいたま市緑区にある天台《てんだい》宗の清泰寺《せいたいじ》を訪ねる必要があった。江戸の初期、この辺は見性院《けんしょういん》（武田《たけだ》信玄《しんげん》の次女、穴山梅雪《あなやまばいせつ》夫人）の知行地であり、お静の方は見性院に守られてひそかに正之を出産したからだ。

清泰寺にある見性院の墓所の門扉には会津保科家が松平と改姓してからの家紋「会津葵《あおい》」が彫りこまれていて、正之の母を守ってくれた人に対する会津藩士たちの感謝の思いを今日に伝えているのが印象的であった。

さらに高遠藩の故地である長野県伊那《いな》市高遠町へ行った時には、建福寺《けんぷくじ》（臨済宗妙心寺派末寺）、日蓮《にちれん》宗の蓮華寺《れんげじ》その他を見学した。

建福寺は武田氏と保科氏の菩提寺《ぼだいじ》であり、武田勝頼《かつより》の母諏訪《すわ》御料人《ごりょうにん》、保科正光、その父正直《まさなお》の墓碑が三つ並んで静かに苔《こけ》むしている。本堂の屋根に金色の角九曜《かくくよう》紋と会津葵の紋とが輝いているのは、保科家の家紋と、保科正之の子孫が会津松平家となってからの家紋を飾ったものである。

また蓮華寺は元は長遠寺《ちょうえんじ》といい、寛永十二年にお静の方がこの地で五十二歳の生涯をおえてからは浄光寺《じょうこうじ》と称したこともある。お静の方が法名を浄光院とされ、この寺に埋葬されたためである。

当時、浄光寺の住職は十七代日遵《にちじゅん》上人であったが、保科正之は寛永十三年（一六三六）七月に高遠から山形へ転封になると日遵上人を同行し、山形にも浄光寺を建立《こんりゅう》した。山形の浄光寺の住職は万事ていねいな方で、寺の案内書に拙作『名君の碑』の一節を引用する際にはわざわざ引用許可願いの手紙を下さったことがある。

さらに寛永二十年七月、正之は会津へ再転封されるとこの時も日遵上人を同行し、会津にも浄光寺を建てさせた。このような史実からも、実の父秀忠と正式に父子の対面をおこなうことのできなかった正之が、いかに母お静の方を愛していたかがうかがえよう。

ちなみに、今日の会津若松《わかまつ》市に浄光寺はふたつある。浄土真宗の井上浄光寺と、日蓮宗の法華《ほっけ》浄光寺。日遵上人の興したのは法華浄光寺だが、会津戊辰《ぼしん》戦争の際にあらかた焼けてしまったのはまことに惜しまれる。

前後したが、お静の方ゆかりの寺は東京都目黒区《めぐろ》にもある。蛸薬師成就院《たこやくしじょうじゅいん》。その門前に准胝観音《じゅんていかんのん》、聖観音、十一面観音、金剛願地蔵《こんごうがんじぞう》、金剛幢《とう》地蔵、金剛宝地蔵が現存し、まとめて「お静地蔵」と呼ばれているのは、見性院に正之を預かってもらっていた時代のお静の方が、正之の運がひらけることを祈ってこれらの石像を成就院に寄進しつづけたからにほかならない。

私はお寺巡りのほかに、城を訪ねることもしばしばある。今年は徳島《とくしま》城、大分県竹《たけ》田《だ》市の岡《おか》城、北九州市の小倉《こくら》城へゆき、まもなく会津の鶴ヶ城と伊那市高遠町の高遠城で花見をする予定なのだが、近ごろは、城でウォーキングを楽しんでいる老夫婦とすれ違うことが多くなってきた。

古寺巡礼と城巡りの旅に共通するのは、かつてその地に生き、喜び、哀しんだ人々と心のどこかで交感できることであろう。

しかし、私はかつて栃木県塩原町《しおばらちょう》（現・那須塩原市）のある寺を訪ね、これこれの史跡を見たいのですが、と若い僧に申し入れた時、

「そんなものはありません」

といわれたことがある。

私は史跡があることを確認してから出向いているのであって、自分が知らないこと

を「ない」と断言するその応対法には厳重に抗議した。

お寺の皆さんには、その寺に関する歴史はきちんと頭に入れておくようお願いしたい。

III　私の会津史

史論はどのように書かれるべきか

私は二十年来、物書きとして生計を立てている。書くのは歴史小説、歴史ノンフィクション、史論、歴史エッセイなどだが、頼まれて教育機関や企業で講演をしたり、新聞や雑誌に新刊書の書評を寄稿したりすることもある。

もっとも講演の依頼の多いのは「会津《あいづ》藩初代藩主保科正之《ほしなまさゆき》について語ってほしい」というもので、もちろんこれは私がこれまでに出版した著作にかかわっている。

私の著作数は、目下のところ単行本七十五冊、文庫本五十冊。しかし、気がつくと、保科正之について書いたものが七冊に達していた。

話の都合上、その題名と刊行年その他をメモ的に書いておく。

①『保科肥後守お耳帖』(一九九三　双葉社／一九九七　角川文庫)
②『保科正之』(一九九五　中公新書／二〇〇六　中公文庫)
③『保科肥後守お袖帖』(一九九五　実業之日本社／一九九九　角川文庫)
④『名君保科正之　歴史の群像』(一九九六　文春文庫)

⑤『保科正之言行録』（一九九七　中公新書／二〇〇八　中公文庫）
⑥『名君の碑　保科正之の生涯』（一九九八　文藝春秋／二〇〇一　文春文庫）
⑦『慈悲の名君保科正之』（二〇一〇　角川選書）

①と③は、時代小説的な虚構を取り入れた連作短編集。④は歴史エッセイ集であり、⑥は史伝的に描いた長編歴史小説。②④⑤⑦は啓蒙書だが、②④⑤を書いてから得た知識も⑦に盛りこんだため、この⑦がもっとも情報量に富んでいる。

なぜ私がかくも保科正之に打ちこんだかというと、日本史の講座を持つ大学は多々あるというのに、明治以降正之を総合的に研究する歴史学者がひとりもあらわれなかったからである。なぜそうだったのかという問題について、②と⑥の文庫版に解説を寄せて下さった山内昌之東大教授は、つぎのように分析している。

「戊辰《ぼしん》戦争において朝敵の汚名を着せられた会津藩は、薩長《さっちょう》中心の勤王順逆史観において否定さるべき悪役なのであった。薩摩の重野安繹《しげのやすつぐ》や肥前《ひぜん》の久米邦武《くめくにたけ》らの西南《せいなん》雄藩出身者がつくった官学アカデミズムにおいて、会津藩の正当な評価は期待するべくもなかった。その藩祖保科正之は存在が抹殺され、その事績が無視される存在でしかなかったのである」（⑥の解説「平時と非常時の両方に対応できる政治家……保科正之とリーダーシップの条件」）

ここで保科正之の業績を確認しておくと、初め信州高遠《しんしゅうたかとお》三万石の小大名に過ぎなかったかれは、異母兄徳川家光《とくがわいえみつ》（三代将軍）にその才質と謙虚な心映えを愛でられ、出《で》羽山形《わやまがた》二十万石を経て奥州《おうしゅう》会津二十三万石に封じられた。家光の死後は将軍輔弼《ほひつ》役——事実上の副将軍としてその遺児家綱《いえつな》（四代将軍）と幕閣たちを指導し、足掛け二十三年間会津へ帰国しなかったので、その業績は二方向から考察する必要がある。

〈将軍輔弼役としての業績〉

一、家綱政権の「三大美事」の達成（末期養子《まつごようし》の禁の緩和、大名証人〔人質〕制度の廃止、殉死の禁止）。

二、玉川《たまがわ》上水開削の建議。

三、明暦《めいれき》の大火直後の江戸復興計画の立案と迅速なる実行（ただし、江戸城天守閣は無用の長物として再建せず）。

四、飯野《いいの》藩、磐城平《いわきたいら》藩、窪田《くぼた》藩、米沢《よねざわ》藩、南部《なんぶ》藩、仙台《せんだい》藩の救済と加賀《かが》藩の指導。

五、全体として武断政治を文治主義の政治に改め、「徳川の平和《パックス・トクガワーナ》」の時代を実現させたこと。

〈会津藩主としての業績〉

六、幕府より早く殉死を禁止したこと。
七、社倉制度の創設（以後、飢饉《ききん》の年にも餓死者なし）。
八、本邦初の国民年金制度の創設（身分男女の別を問わず、九十歳以上の者に終生一日扶持《ぶち》〔一日につき玄米五合〕を支給）。
九、救急医療制度の創設（病んだ旅人に診察料と薬代を支給）。
十、会津藩の憲法である家訓《かきん》十五カ条の制定。
あえて私的なことを差しはさめば、特に②と⑥は読書界に歓迎されて直木賞を受けた拙作『二つの山河』（一九九四　文藝春秋／一九九七　文春文庫）と同等かそれ以上の売れゆきを示したので、

「これで少しは保科正之に対して顔が立ったかな」

と思ったことをよく覚えている。

正之は来年（二〇一一）が生誕四百年に当たるため、高遠藩の故地長野県伊那《いな》市高遠町の歴史博物館の前庭には、昨年四月に生母お静《しず》の方と正之の母子像も建立された。山形市教育委員会も正之時代の山形藩政について理解を深めつつあり、玉川上水の取り入れ口を持つ羽村市でも正之と玉川上水の関係が見学者たちにあらたに解説さ

れるようになった。会津若松市、猪苗代町《いなわしろまち》と伊那市とは正之の縁で文化交流に踏み切りさえした。

ところがである。最近私は熊本《くまもと》の知人から教えられ、正之を激しく批判している本が出版されたことを知った。八幡和郎という人の書いた『本当は偉くない？歴史人物――日本を動かした70人の通信簿』（二〇〇九　ソフトバンク新書）。

「これは、あまりにもひどい」

と、いつも穏やかな知人が珍しく憤慨しているので保科正之の項に目を通すうち、私はこの著者が前述の拙作を意識しながら書いていることに気づいた。

「保科正之は（略）知り合いになればとてもその甲斐がある政治家だった。ひと言で言えば『頼りになるボスであり、親戚のおじさん』だったわけだが、身内贔屓《びいき》が極端で政治家としてのモラルは最低の人物だった。これを名君だと言ったり、大河ドラマの主人公にしてほしいという運動をしている人がいるが、そういう人たちにとってはクリーンな政治などどうでもよいとしか思えない」（傍点筆者）

という文章があらわれるからである。私は④⑥⑦の著作のタイトルに「名君」の二文字を使っており、今もって保科正之を総合的に研究しようという歴史家がほかに存在しない以上、右に引用したくだりは私および拙著への批判と受け止めざるを得ない。

そこで以下若干の反批判をこころみるが、その前に八幡氏に申し上げておきたいのは、なかったことをあったかのようにいい、あったことをなかったように断言するのは自重されよ、ということだ。

正之は「身内贔屓が極端」な人物などではなく、その五男正純《まさずみ》を養子にほしいと陸奥《むつ》南部藩から申し入れられた時、これを辞退している（『会津松平家譜』）。正之は閨閥《けいばつ》作りなど考えたこともなかったし、家光から松平姓に変わって葵《あおい》の紋を使用せよと命じられた時にもこれを遠慮している。これが「クリーン」でなくて何であろうか。

氏の文章にも、首をひねりたくなる表現がある。「会津若松二三万石」というと会津若松藩なる藩がかつて存在したかのようだが、ここは会津藩でなければならない。会津藩の故地若松市が会津若松市と改称したのは昭和三十年（一九五五）のことで、それ以前に会津若松という固有名詞は存在しない。

「三代正容《まさかた》（一六六九〜一七三一）のときからは、ちゃっかり松平姓を名乗るようになった」

という略述法も一考を要する。正之は二代将軍秀忠《ひでただ》の庶子だから、初めから松平姓を用いてもよかった。というのに養父保科正光《まさみつ》への感謝の思いから正之は保科姓を捨てなかったのであり、正容は五代将軍綱吉《つなよし》から、

「再び辞するを允《ゆる》さず」（同）

と強く松平姓に変わるよう命じられたため、やむなくこれに従ったのである。どうしてこれが「ちゃっかり」なのであろうか。

では、「高遠から山形に移ったときに家来たちに常識外れの大加増」などおこなわず「有能な浪人などを召し抱える」べきだった、という批判はどうか。

ここでも史実があまりに歪められていて、このような立論には従い難い。寛永《かんえい》十三年（一六三六）、高遠三万石から山形二十万石に移封された時、正之は二十万石の規模と格式にふさわしい家臣団を編成する必要に迫られ、「鳥居《とりい》家の浪人足軽等まで」召し抱えた、と会津藩正史『家世実紀』は明記しているからだ。山形二十四万石の鳥居家は失着がつづいて高遠三万石へ左遷《させん》されることになり、それまでの家臣団をすべてつれてゆくことはできないので、正之は鳥居家旧家臣団の大量採用に踏みきった、というのが事実である。

しかも正之は、元からの家臣たちに「常識外れの大加増」などはおこなわなかった。たしかに城代家老保科正近は一千石から三千石へ、家老田中正玄《たなかまさはる》は一千石から一

千五百石へと加増された。その加増分をふくめて百石以上になった者は、合計八十三名。

対してあらたに採用された鳥居家の浪人今村伝十郎《いまむらでんじゅうろう》と神保隠岐《じんぼおき》は、ともに二千石。田中正玄より優遇されており、百石以上を受けた新規採用者は百五十八名と、高遠以来の家臣団の約二倍に達した。

これは私がもう十五年も前に①で解明したところなのに、この家臣団編成の妙を見ようともせず、「常識外れの大加増」などとするのは読者をミス・リードする筆法でしかない。八幡氏が同書の「参考文献などについて」の項に会津藩の基本史料『家世実紀』、『会津松平家譜』を載せていないところを見ると、氏はこれらを読まずして正之を論難しているとしか思えない。

一体に保科正之は優秀な家臣を多く召し抱えるために、家老、若年寄《わかどしより》、奉行たちの禄高《ろくだか》を低く押さえこんだばかりか、知行取りではなく蔵米《くらまい》(切米《きりまい》)取りとした。知行所を与えると、その所有者が勝手に年貢率を上げてしまって知行所の農民を苦しめる危険があったためである。しかも家老たちに一万石以上の石高を与える藩も珍しくなかったのに対し、会津藩ではその終焉までついに万石以上の家老はひとりも誕生しなかった。

このように「常識外れの大加増」とはまったく無縁の〝小さな政府〟作りにつとめながら、先に六から十とした善政をおこなったことこそが、正之が名君と形容されるゆえんなのである。

というのに基本史料を読むことなく、その基本史料を読み解いて書かれた拙著の内容を吟味することもなく独断と偏見をつらねるのでは、もはや史論とはいえまい。

出版各社がこぞって新書を刊行し、そのライン・アップに歴史関係のものが多くふくまれるのは悪い傾向ではない。しかし、根拠なき立論が横行するのであれば新書の質は出版点数に反比例して悪化し、ひいては読書離れを起こしかねない。

私は出版界の一隅に生きるものとして右のような傾向があらわれることを案じているので、本誌に寄稿を求められたのを奇貨《きか》として、最近気になった新書について書いてみた。

烈婦・山本八重《やまもとやえ》の会津戦争

戦国時代に盛んに各地に造られた山城《やまじろ》は連郭式《れんかくしき》といって、山の稜線上に裾野《すその》から頂上付近へかけて三の丸―二の丸―本丸とつらなる構造のものが多かった。豊後竹田《ぶんごたけだ》の岡《おか》城などは、今もその原形をよくとどめている。

対して平地に宏大な平城《ひらじろ》を築くことをもってよしとする時代を迎えると、これまで本丸と一直線上にあった二の丸、三の丸は、本丸を包みこむ三日月状、あるいは半円状に築かれることが多くなった。しかし、そうなると本丸は二の丸、三の丸が二重に張り出す方角だけ防御力が高まり、正反対側は弱くなる。

そこで登場するのが、馬出曲輪《うまだしぐるわ》。その形状を思い描くには、大坂冬の陣の際に真田《さなだ》幸村《ゆきむら》の籠《こも》った独立陣地「真田丸」のことを連想していただくのが手っ取り早い。

会津《あいづ》藩の若松《わかまつ》城は鶴ヶ城という愛称によってよく知られているが、この城にはふたつの馬出曲輪があった。白亜五層の天守閣の屹立《きつりつ》する本丸に背をむけて、西へ逆凹の字形に張り出すのが西出《にしで》丸。同様の形で北へ張り出すのが北出丸。

両者はそろって深い堀に囲まれているため、防御力を比較した場合は甲乙《こうおつ》つけがたい、と思う人もいるかも知れない。だが、より重要なのは北出丸であった。

なぜそういえるかというと、会津藩は仙台《せんだい》藩伊達《だて》家を仮想敵国としているため、その追手《おうて》は北出丸東側の北追手門—甲賀町《こうかまち》通り—甲賀町郭門《かくもん》と北へむかって伸びているからだ。

もしもこの北追手門を打ち破って、北出丸の内に侵入した有力な敵がいたとする。その場合は東北の隅と西北の隅に建つ二層漆喰《しっくい》固めの角櫓《すみやぐら》、それに本丸から椿坂を越えてやってくる援軍の三者から迎撃され、殲滅《せんめつ》される手はずであった。

そのため北出丸には、もうひとつ別の名称があった。ずばり「鏖丸《みなごろしまる》」というのである。

しかし、城の堅牢性《けんろうせい》というものは、やはり実戦を経験しないとわからない。鶴ヶ城の北出丸が完成したのは江戸の初期、会津藩主が加藤明成《かとうあきなり》の時代のこと。その鶴ヶ城に初めて戦雲が迫ったのは、慶応《けいおう》四年（一八六八）八月下旬のことであった。

同年一月三日にはじまる鳥羽《とば》・伏見《ふしみ》の戦いが旧幕府軍の敗走におわって以降、会津藩主松平容保《まつだいらかたもり》は賊徒首魁《しゅかい》と名指しされ、追討すべき対象とされてしまっていた。

対して奥羽《おうう》と越後《えちご》の諸藩は、足掛け七年間も京都守護職として苦労した容保に同情するあまり、奥羽越列藩同盟を結成。会津藩も白河口《しらかわ》（東）、越後口（西）、日光口《にっこう》（南）に出兵し、薩摩《さつま》・長州《ちょうしゅう》両藩を主力とする新政府軍の国境《くにざかい》突破をなんとしても防ごうとした。

とはいえ会津は盆地だから、国境とはすべて峠《とうげ》であり、兵力も寡少《かしょう》なので、その全部を守り切ることは不可能だ。八月二十一日、白河口から進んだ新政府軍はすでに落城した二本松《にほんまつ》藩の領地と会津藩領の国境母成《ぼなり》峠の突破に成功。二十二日午前中には猪《い》苗代《なわしろ》へ侵入し、戸ノ口原を経て会津盆地をめざした。

いつの日のことかはっきりしないが、この日までに会津藩首脳たちは、若松城下の武家屋敷に住まう老幼婦女に対し、次のように布告してあった。

――敵が迫ったら、早鐘《はやがね》を鳴らす。それを合図に城へ走るべし。

会津兵の主力は諸方の防備に出払っていて、目下、城内を守るのは老人兵と少年兵のみ。そこに老幼婦女を加えてでも籠城《ろうじょう》戦を敢行し、諸方から城の救援にむかって動き出すはずの城外部隊と協力して新政府軍を迎え討とうというのだ。

西出丸にほど近い米代《よねだいし》四之丁《のちょう》に住んでいた砲術師範山本権八《やまもとごんぱち》の娘八重も、この合図を伝えられていたひとりであった。

すると二十三日の朝の炊事の時刻、ジャンジャンとその早鐘が打ち鳴らされはじめた。諸家の女たちには晴着の留袖《とめそで》をまとい、薙刀《なぎなた》を小脇にかいこんで入城した者が多かった。

しかし、ひとり八重のみは衣装も携《たずさ》えた武器も異彩を放っていた。隣家に住む白虎《びゃっこ》士中二番隊の隊士伊東悌次郎《いとうていじろう》にゲベール銃（先ごめ滑腔《かっくう》銃）の撃ち方を伝授してやれるほどだった八重は、黒ラシャの筒袖《つつそで》服とダンブクロ（ズボン風の袴《はかま》）を着用。腰に両刀をぶちこんだばかりか、最新鋭七連発のスペンサー銃（元ごめライフル銃）をつかんで西出丸に駆けこんだのである。

八重のまとった男物の装束は、鳥羽・伏見の戦いに戦死した弟三郎《さぶろう》の形見の品であった。八重は十三歳のとき、両手に提げた米四斗入りの俵を肩まで四回ずつ上げ下げすることのできた怪力の持ち主。内縁関係にあったその夫、川崎尚之助《かわさきしょうのすけ》も蘭学《らんがく》と砲術に通じていたことから、八重は弟の仇《かたき》を討つためその形見の衣装をまとい、得意の鉄砲によって戦う道を選択したのだった。

さて、ここから孤軍奮闘した八重の姿をたどってゆく。

八重が西出丸に駆けこんだころ、城下最大の郭門である甲賀町郭門は激戦地と化していた。ここを突破された責任をとって、神保内蔵助《じんぼくらのすけ》と田中土佐《たなかとさ》の両家老は付近の屋敷内でともに切腹。新政府軍は怒濤《どとう》のごとく甲賀町通りを南進し、北出丸の堀端《ほりばた》を東西に伸びる本一之丁《ほんいちのちよう》の通りへ散開した。

これはなにも、好んで諸隊を散開させたわけではない。今も遺構がよく残っているから実際に歩いてみればすぐにわかることだが、北出丸の構造に通じていない者はここに突入することはできない。というのも堀端の本一之丁側には橋も城門もなく水堀がひろがるばかりで、どこから入るべきか見当がつかないのだ。

正しくは本一之丁を堀に沿って左へ進み、角を右折すると北追手門がその右側にひらいているのだが、この門は堀端から死角に当たっていて進路を察知することを許さないようにできている。その巧みな構造からいっても、北出丸はやはり「鏖丸」なのである。

その北出丸に新政府軍が迫ったと聞いて、八重は西出丸から本丸を経て北出丸へ走った。逆凹の字形に張り出した北出丸の外まわりは石垣造りであり、「石垣の上には矢狭間《やざま》・鉄砲狭間が付いた瓦《かわら》屋根の白壁土塀があった」（『会津大事典』）。

老人たちとともに斜面を駆け上がってその土塀の内側に張りついた八重は、スペンサー銃の銃口を銃眼に差し入れて応射を開始したのだ。今日、この土塀はなくなっているものの、土盛りの跡はよく残っているので、ここに立って堀の向こうに本一之丁の通りを見下ろすことができる。

石を投げれば楽に届きそうな近さに驚かされるが、新政府軍はこの近さに祟《たた》られて戦死者十八、負傷者二十八を出す劣勢に立たされた。この朝の戦死者としては、土佐の軍監小笠原唯八《おがさわらただはち》、その弟の二番隊長小笠原謙吉《けんきち》などが知られている。

しかし五つ半刻《どき》（午前九時）、甲賀町通りが本一之丁の通りにぶつかるあたりには薩摩藩二番砲隊と砲一門が出現した。その砲撃は、『会津戊辰戦史』に次のように記録されている。

「城の北追手を攻撃す、砲弾城北の楼櫓《ろうろ》に中《あた》り、火薬大音響を発して爆裂し、柱壁を破砕し満城震撼《しんかん》す」

下手をすると、北出丸と本丸北側はこの砲撃によって沈黙させられてしまうところだったのだ。

だがまもなく、この砲隊の隊長大山弥助《おおやまやすけ》（のち巌《いわお》）は右太腿《ふともも》に貫通銃創を受けて後送されていった。

それにしても北出丸からためらわず応戦し、小笠原兄弟や大山弥助ら名のある将たちを薙《な》ぎ倒したのは誰なのか。

北出丸へ急いだ老人たちが命中精度に劣る火縄銃やゲベール銃しか装備していなかったこと、城内に組織立った大砲隊や鉄砲足軽組も存在しなかったことなどを考えあわせれば、それは八重だった可能性がきわめて大きい、と私は考えている。ひとり八重のみは射程距離と命中精度に優れ、しかも馬上でも扱いやすい騎銃として開発された元ごめ七連発のスペンサー銃を連射することができたのだから。

なおこの日、大山弥助たちの曳《ひ》き出した大砲とは四斤山砲《しきんさんぽう》(青銅製、施条つきの野砲)であったろう。これは慶応年間におよその藩が所有していたもっとも一般的な大砲で、もちろん会津藩も持っていた。

それをよく知っている八重は、ある時点で北出丸へその一門を持ってこさせた。そして土塀の下の石垣の一部を突き崩させると砲身をその穴に差しこみ、砲戦を開始した。

飛行機登場以前の戦争は、まずはより高い地形を占領した側が有利になる。鉄砲にしても「拳下《こぶし》がりに撃ち出せ」という言葉があるのは、銃身を下から支える左手が右手よりも低い位置にくるような高みから瞰射《かんしや》するのがもっともよい、という意味だ。

ましで高所からの大砲の撃ち下ろしには銃の瞰射など比較にならない威力がある。

咄嗟《とっさ》に北出丸へ四斤山砲を持ってこさせ、台車からその砲身を下ろして石垣の穴に据えつけさせた八重の機智と奮闘によって、会津藩は籠城初日の落城の危機を辛《から》くも乗り越えることができたのだ。

その後、九月二十二日までの一ヵ月にわたる籠城によく堪え、夫とともに砲戦を指揮することもあった八重は、降伏開城式のおこなわれた二十二日深夜、耿々《こうこう》と月の輝く三の丸の雑物蔵に近づき、簪《かんざし》をもってその白壁に和歌一首を刻みつけた。

明日の夜は何国《いずこ》の誰《たれ》かながむらんなれし御城に残す月かげ

絶唱とは、このような作品のことをいう。

会津・長州の和解

二〇〇八年は、戊辰《ぼしん》戦争百四十周年である。戊辰は訓読みすればツチノエタツ。いわゆる干支《えと》のひとつで、慶応《けいおう》四年（一八六八、九月八日明治改元）は戊辰の年であった。そのため同年一月三日に起こった鳥羽《とば》・伏見《ふしみ》の戦いにはじまり、明治二年五月の箱館五稜郭《はこだてごりょうかく》の開城におわる一連の内戦を戊辰戦争と総称するのだ。

かつての映画「鞍馬天狗《くらまてんぐ》」シリーズでは、薩摩《さつま》藩と長州《ちょうしゅう》藩が討幕挙兵に動き出すことを、

「日本の夜明けは近い」

というせりふで主人公に語らせていた。なるほど、明治維新イコール文明開化という図式で見れば、そうもいえよう。

しかし私は、こんな単純素朴な視点で複雑きわまる幕末維新史を考える気にはなれない。

戊辰戦争において薩長主体の新政府軍と対決したのは、会津《あいづ》藩とこれに同情的な仙《せん》

台藩《だい》、米沢《よねざわ》藩の主導によって結成された奥羽越《おううえつ》列藩同盟参加諸藩（以下、同盟軍）であった。その戦死者数の内訳を多い方から列記すればつぎのようになる。
①会津藩三〇一四人、②徳川《とくがわ》家臣一五〇五人、③仙台藩一〇〇〇余人、④二本松《にほんまつ》藩三三六人、⑤庄内《しょうない》藩三一〇人、⑥米沢藩三〇〇余人、その他合計四六五〇余人。
東北地方に戦死者が多数発生したのは、奥州《おうしゅう》街道上の白河《しらかわ》から二本松、会津藩領にかけてと越後《えちご》が激戦地と化したためにほかならない。

今日、これらの地域を訪れてすぐ気づくのは、新政府軍を官軍とは決して呼ばないことだ。西軍と呼び、同盟軍のことは東軍と表現する。官軍ということばは必然的に賊軍という反対語を想起させるが、われわれの先祖は賊軍などではないという思いがここにこめられている。

それは一面において、会津藩および同盟軍参加諸藩の子弟たちが維新後も賊徒《ぞくと》呼ばわりされ、就職もままならなかった時代が長くつづいたことに対する反撥《はんぱつ》でもある。かれらにとって明治維新は、「日本の夜明け」どころか、薩長土肥《さっちょうとひ》の藩閥の下で、ゆえなく差別される屈辱の時代の幕開きでしかなかった。

その責任者としては、文部省が名指されねばならない。同省編纂の国定教科書は、戊辰戦争とは正義の軍（順）が逆賊（逆）を討った戦いだとする順逆史観に貫かれていた。

もちろん今日では、こんな時代遅れの史観に立つ史家はいない。いたとしても、お呼びの声がかからない。明治以降の体制は昭和二十年夏の敗戦によって滅び、官製の順逆史観もそれに心中したからだ。

それでも東北人の間には戊辰以来の怨恨《えんこん》感情がまだ残っていて、時にその思いが噴出することがある。あれは昭和の末のこと、会津若松市の市長選に立候補した現職のI氏が「長州（山口県萩《はぎ》市）との和解」をスローガンとしたところ、和解反対をアピールした対立候補H氏に敗れ去ったのは、その一例といえる。

対して山口県には、このような東西の溝を力の及ぶ範囲でこつこつと埋めてゆこうとしている出版人がいる。周南《しゅうなん》市のマツノ書店主・松村久氏。松村氏は北原雅長『七年史』や山川浩『京都守護職始末』その他の貴重本を復刻販売するかたわら、福島県内の図書館には無料で寄贈している。

上記の二冊は、幕末の孝明《こうめい》天皇（明治天皇の父）がもっとも信頼していたのは会津藩主松平容保《まつだいらかたもり》だったことを、一級史料によって証明してみせた史書として知られる。旧会津藩雪冤《せつえん》の史書が、山口県人の手によって復刻され、福島県へ贈られる——ここには日本人の成熟が感じ取れよう。松村氏が上記二点をふくむ維新史関係史料の復刻活動によって二〇〇七年度の菊池寛賞を受賞したのも、決してゆえなしとしないのである。

戊辰戦争とは何だったのか

平成二十年（二〇〇八）は、戊《ぼ》辰《しん》戦争からかぞえて百四十年目の節目の年であった。会津《あいづ》若松《わかまつ》市ではそれを記念してさまざまな行事がおこなわれ、私もそのいくつかに招かれて講演などをさせていただいた。

まずは同年四月十八日から二十一日にかけて長野県伊那《いな》市高遠《たかとお》町—会津若松市—猪《い》苗代《なわしろ》町とまわる旅をしたことから書きはじめたい。この旅の主催者は、熊本県阿蘇《あそ》郡南阿蘇村在住の興梠《こおろぎ》二雄《つぐお》氏を会長とする佐《さ》川《がわ》官《かん》兵《べ》衛《え》顕彰会。先ごろ歴史春秋社から再刊していただいた『鬼官兵衛烈風録』の取材中に興梠氏と知りあった私は、同会の顧問をしている。一方、私は『保《ほ》科《しな》正之《まさゆき》』（中公新書・中公文庫）や『名君の碑　保科正之の生涯』（文春文庫）を書いたためか、高遠藩保科家の故地高遠町をふくむ伊那市のふるさと大使に任命されている。それと知った興梠氏が、

「敬愛する官兵衛さんのルーツの地高遠を訪ねてみたい。福島県喜《き》多《た》方《かた》市にあるという官兵衛さんの最初の妻お勝さんの墓にも参拝したい」

とおっしゃるので、私は答えた。

「それなら猪苗代の土津《はにつ》神社にも参拝し、母成峠《ぼなりとうげ》の古戦場跡も見ましょう」

「では、ガイド役をつとめてくれませんか」

「わかりました」

というやりとりがあってツアー参加者を募集したところ、二十余名の顕彰会員が手を挙げてくれた。訪問先では前高遠町長伊東義人氏、会津若松市長菅家一郎氏らが歓迎会をひらいて下さったため、おりから高遠城址のタカトオコヒガンザクラと鶴ヶ城の桜が満開だったこともあり、一行は充分に満足して下さったようである。

さて、この旅には山内泰人氏という新入会員の方が参加しておられ、別れてまもなく私につぎのように依頼してきた。

「私はＮＰＯあすなろ福祉サービス評価機構の役員をしています。なにか創設五周年の記念事業をおこないたいと思っている時に旅に参加し、保科正之公が三百五十年前に世界初の老齢年金と救急医療制度をつくった福祉の先覚者だったと知りました。ついては、正之公について熊本市で講演して下さいませんか」

私はこれを快諾し、十一月二十三日の午後六時半から一時間半、同市の県民交流会館パレアホールにおいて「保科正之の仁政」と題する講演をおこなった。その前夜は南阿蘇村の興梠邸に泊めてもらい、ツアー参加者たちと旧交をあたためることができたのだが、その席である御婦人がいった。

「いろいろガイドして下さってありがとうございました。でも私は歴史に無知で、お話のなかにボシンセンソウということばが何度も出てくるので、一体ボシンって何のことかと思っておりました」

ここで急いでおことわりしておくと、熊本のみなさんは加藤清正《かとうきよまさ》、神風連《しんぷうれん》の乱、西南戦争についてはかなり詳しい。しかし、戊辰戦争の戦場は九州から遠く離れていたため、ボシンといえば戊辰のことだとピンとこない人もいるのである。

この話を『会津人群像』の読者諸氏はどうお感じになるだろうか。嘆《なげ》かわしい、と思いますか？　失笑しますか？

「戊辰戦争の記憶は、そこまで風化してしまったのか」

と思う人が少なくないと思うが、この「風化」の原因を九州の地域性のみに帰してしまっては、「木を見て森を見ず」の類になる。というのは、福島県人、会津人のなかにも史実ならざることを史実のごとく書く人が皆無ではないからだ。

たとえば会津戊辰戦争についての著作のなかで、

「会津落城」

ということばを使ったプロの物書きが複数存在する。もしも私がその物書きの担当編集者であったなら、ためらいなく注文をつける。

「鶴ヶ城は落城しませんでした。だからこのことばは、『会津開城』とあらためて下さい」

では落城と開城の違いはなにか、というと、映画好きの方にはかつてジョン・ウェインがデイビー・クロケット役で主演した『アラモ』を思い出していただくのが手っ取り早い。

「**アラモ**(Alamo)アメリカ合衆国テキサス州サンアントニオにあった教会。テキサス独立戦争中の一八三六年、ここにたてこもった義勇兵がメキシコ軍の大軍と戦い全滅した」(小学館『日本国語大辞典』)。

当時のアラモ教会は、要塞化されていたからアラモ砦とも呼ばれる。この砦がなおもアメリカ人好みの観光地であり、デイビー・クロケットが英雄視されているのは、かれら義勇兵が全滅・落城の時まで怯《ひる》むことなく戦いつづけたためにほかならない。

このようにある城砦へ籠った兵たちが全滅し、ついに落城となった場合、むろん勝者たちは入城してその城を占領することはできる。ただし、ついにできなくなってしまうこともある。それは、敗者の代表と降伏文書の授受をおこなうことが物理的に不可能になってしまうことだ。

対して開城ということばは、明治時代には正しく使われていた。たとえば明治四十三年（一九一〇）に作られた歌「水師営の会見」（佐佐木信綱作詞・岡野貞一作曲）の一番の歌詞はこうである。

「旅順《りよじゆん》開城約成りて／敵の将軍ステッセル／乃木《のぎ》大将と会見の／所はいずこ水師営《すいしえい》」

日露戦争中、旅順のロシア軍要塞は乃木希典《まれすけ》大将の率いる日本陸軍第三軍の猛攻によく堪えた。だが、とうとう降伏開城に踏みきり、ステッセルは乃木大将と水師営で会見して降伏文書に調印した、というのが「旅順開城約成りて」の意味である。

この開城ということばの本来の意味からすれば、旧幕府代表勝海舟《かつかいしゆう》と大総督府参謀西郷隆盛《さいごうたかもり》の会談によって、江戸城は慶応《けいおう》四年（一八六八）四月十一日に無血開城することが決まったのである。これを江戸落城と表現する者がいたら、そんなことを書く輩《やから》は読者の相手にされないだろう。

会津藩の場合もこれとまったくおなじことで、籠城戦をさらにつづけても勝ちを制する見こみはないと悟った松平容保《まつだいらかたもり》が米沢《よねざわ》藩の助言を受け入れ、万斛《ばんこく》の涙を呑んで降伏開城に踏みきったことは周知の事実。明治元年九月二十二日におこなわれたこの降伏開城式については多くの史料があり、錦絵《にしきえ》まで刊行された。

というのにこの開城を落城と表現して顧みない福島県人、会津人がいるとはなにをかいわんや。私などはこの手の出版物に接するたびに、

「こんな重要なことまで間違えているなら、ほかにも怪しい記述が多々混じっているに違いない」

と思って、さような本は手に取らないことにしている。

それにしても戊辰戦争に対する誤った印象づけは、いつ、だれがはじめたのであろうか。そう考えると蘇《よみがえ》ってくる記憶はふたつある。

そのひとつは、私が文藝春秋に勤務して芥川賞・直木賞の社内選考会の事務局員として働いていた昭和五十三年（一九七八）か五十四年のこと。私が某作家の新作を社内選考委員たちに回覧したところ、硬派で知られたA氏は私にクレームをつけた。その内容は、

「なんでおれが、女郎《じょろう》などを主人公とする小説を読まなくちゃいけないいんだ」

という不可解なものであった。

私は答えた。

「娼婦をヒロインとする文学作品としては、フランスのエミール・ゾラに『ナナ』が

あり、日本においても永井荷風《ながいかふう》から吉行淳之介《よしゆきじゅんのすけ》の作まで、名作と評価の定まっているものは少なくありません。あなたのおっしゃっていることは職業差別じゃないですか」

A氏はそれ以上なにもいわなかった。これは率直にいって、A氏の鑑賞眼が私のそれよりすぐれてはいなかったことを物語る。

右のように文学作品を読む場合には鑑賞眼が問われるが、歴史については、読み手がどのような歴史観を持っているかが問題になる。私が「最後の会津武士」といわれた人物を主人公とする長編歴史小説『その名は町野主水《まちのもんど》』(新人物往来社　一九九三)を出版してまもなく、『歴史Eye』という雑誌に初めて見る名前の人の書評が載った。その末尾近くにいわく、

「筆者はあれこれいっているが、しょせんは賊徒の話ではないか」

この書評者は、自分があまりに古臭い順逆史観に毒された体質の持ち主であることをここで自白してしまっているのだ。この論理でゆくと、幕末維新期に材を得た小説を書く場合、薩長土肥《さっちょうとひ》の出身者を主人公とすることは許されても、幕臣や奥羽越《おううえつ》列藩同盟に参加した諸藩の人々を描いてはならない、ということになる。その後、右の書評者の名前に接する機会がまったくないのは、書評を依頼する雑誌がなくなったたから

であろうか。

なお本誌の読者に説明する必要もあるまいが、順逆史観とは、戊辰戦争を天皇に順《したが》う正義の軍隊が逆徒を討ち滅ぼした戦いだ、と定義する狭隘《きょうあい》きわまりない安手の歴史観のこと。いまどきこんな歴史観を持っている人はいないであろうが、明治初年における大きな問題点は、順逆史観が官製史観でもあったことだ。

この順逆史観が初めて史料に明記されたのは、慶応三年（一八六七）十月十三日から十四日にかけて薩長両藩に下された倒幕の密勅《みっちょく》の文中であろうと思われるので、『明治天皇紀』第一に白文のまま引用されたこの密勅を読み下しておく（カッコ内は筆者の注）。

詔《みことのり》。源慶喜《みなもとのよしのぶ》（徳川《とくがわ》慶喜）累世《るいせい》の威を藉《か》り（代々の権威を背景にして）闔族《こうぞく》（一族）の強きを恃《たの》み、みだりに忠良を賊害し、しばしば王命を棄絶し、ついに先帝（孝明天皇）の詔を矯《た》めて懼《おそ》れず、万氏を溝壑《こうがく》（みぞや谷間）に擠《おとしい》れて（陥れて）顧みず、罪悪いたるところ、神州まさに傾覆《けいふく》せんとす。朕《ちん》、今民の父母たり。この賊にして討たずんば、なにをもってか上は先帝の霊に謝し、下は万氏の深讎《しんしゅう》（強く報復したい心）に報ぜんや。これ朕の憂憤《ゆうふん》のあるところ、諒闇《りょうあん》（孝明天皇の喪中）にして顧みざるは万已《や》むべからざるなり。汝《なんじ》よろしく朕の心を体して賊臣慶喜を殄戮《てんりく》（討伐）し、もって速やかに回天の偉勲《いくん》を奏《そう》し、生霊《しょうりょう》を山嶽の安きに措《お》くべし。これ朕の願い、あえて懈《おこた》りあるなかれ。

奉

正二位藤原《ふじわら》（中山《なかやま》）忠能《ただやす》
正二位藤原（正親町三条《おおぎまちさんじょう》）実愛《さねなる》
権中納言《ごんのちゅうなごん》藤原（中御門《なかみかど》）経之《つねゆき》

（年月日省略）

ここに「賊害」「この賊」「賊臣」と賊の字が三回使われていることに注意したい。ついで会津宰将（京都守護職松平容保《かたもり》）と桑名《くわな》中将（京都所司代松平定敬《さだあき》）を追討せよと命じた第二の密勅は、つぎのごとし。

右二人、久しく輦下《れんか》（天皇のお膝元）に滞在、幕賊の暴を助け、その罪軽からず、これによりて速やかに誅戮《ちゅうりく》を加うべき旨、仰せ下され候事。

忠能
実愛
経之

十月十四日

ここにも「幕賊」ということばが登場する。これは「幕府という賊徒」という意味合いで使われており、会津藩主松平容保とその弟の桑名藩主松平定敬は、その「暴を助け」たからやはり賊徒なのだ、という論理が展開されている。このような論理のおもむくところが順逆史観であったことは、いうまでもない。

それにしてもなぜ当時の日本人一般は、おなじ日本人を「順」と「逆」に分けて考える発想を受け入れたのか。それを考えるには、時代ごとに登場した対立概念を思い出すのが早道かも知れない。

〈奈良時代以前〉大和朝廷対まつろわぬ民たち
〈平安末期〉平氏対源氏
〈南北朝時代〉南朝対北朝
〈徳川時代初期〉徳川幕府対豊臣秀頼
〈幕末〉開国派対再鎖国派あるいは公武合体派対尊王攘夷派

要するに日本人は、伝統的に人をAと反Aに分類する二元論的発想に捉われてきたのだ。順逆史観も、戊辰戦争の勝者となった尊王攘夷派の生み出した宿命的二元論に過ぎなかった。

ちなみに私は、日本人はその後も二元論的発想を払拭できないまま現代を迎えた、と思っている。ちょっと考えただけでも、つぎのような二項対立を思い出すことができるからだ。

〈明治十年以前〉新政府対不平士族
〈同二十年代〉日本対清国
〈同三十年代〉日本対ロシア
〈関東大震災（大正十二年）〉自警団対在日朝鮮人
〈太平洋戦争中〉日本対鬼畜米英、陸軍対海軍、愛国者対非国民
〈終戦後〉自由主義者対軍国主義者・超国家主義者
〈下山事件（昭和二十四年）〉自殺説対他殺説
〈サンフランシスコ講和会議（同二十六年）以前〉単独講和論対全面講和論
〈日米安保条約改定（同三十五年）以前〉賛成派（政府・自民党）対全学連・共産主義

者同盟

ほかにも七〇年安保における共産党系学生（民青）と全共闘系学生の角逐、北朝鮮支持派対批判派、中国賛美派対台湾派、巨人ファン対アンチ巨人、孝明天皇毒殺説対病死説など、まことにさまざまな二項対立を指摘することができる。

ところで二項対立は、音楽のリズムでいえば二拍子である。歴史的に二元論を好んできた日本人は二拍子のリズムを好み、

「イッチ、ニイ、イッチ、ニイ」

あるいは、

「右、左、右、左」

と号令をかけられると、幼稚園児でも上手に行進できる。

その日本人が大の苦手とするのは、三拍子。三拍子の代表的なダンスはワルツだが、欧米人がワルツ大好きなのに対し、日本人はまずワルツなど踊らない（私も踊ったことがない）。それは日本人には「一、二」という発想があっても、「三」という気持は出てこないためだ、という話を何人かの歴史学者や音楽家としたところ、

「その通りです」

という答ばかりが返ってき、ある学者はこう解説してくれた。

「ヘーゲルの大成したドイツ観念論哲学では、物事は正（テーゼ）、反（アンチ・テーゼ）、合（ジン・テーゼ）と発展すると考えます。宗教でいえばユダヤ教が正、キリスト教が反、イスラム教が合に当たりますから、この考え方は正しいのです」

日本人は「一、二、一、二」を繰り返すが、「三」の世界には入ってゆかない。そうした発想を持たない。精神史的に見れば、順逆史観が奈良時代以前の大和朝廷対まつろわぬ民たちというのとおなじ対立の構図を描き出していたこと自体が時代錯誤だったのである。

この順逆史観がより通俗化すると、嵐寛寿郎主演の映画鞍馬天狗シリーズにおける、

「杉作、見ろ。日本の夜明けは近い」

というせりふになる。

これでは江戸時代の日本は真っ暗闇、明治維新こそ日本の夜明け、ということになってしまい、かつて東大の山内昌之教授は私との誌上対談のなかで、このようにきわめて底の浅い歴史観を「夜明け前史観」と名付けた。

むろん山内氏と私は、そんな史観には同意しない。それは私たちがそろって「徳川の平和《パックス・トクガワーナ》」を高く評価し、二百数十年にわたる平和と不戦の時代を築くのに功の

あった会津藩初代藩主保科正之のリーダーシップを現代の政治家たちにも知ってほしいと考えているからにほかならない（山内氏との対談集『黒船以前――パックス・トクガワーナの時代』『黒船以降――政治家と官僚の条件』〈ともに中公文庫〉参照）。

しかるに明治初年になぜ順逆史観が官製史観となり、昭和二十四年（一九四九）生まれの私の少年時代まで「杉作、見ろ。日本の夜明けは近い」というせりふに投影されていたかといえば、責任者はふたりいる。

重野安繹《しげのやすつぐ》と久米邦武《くめくにたけ》。主観を排するために『日本史広辞典』（山川出版社）によってふたりの略歴を眺めておこう。

まずは重野安繹（一八二七―一九一〇）。

明治期の歴史学者。鹿児島《かごしま》藩の郷士出身。号は成斎《せいさい》。藩校造士館《ぞうしかん》助教ののち文部省に入り、修史館一等編修官・同編修副長官。「大日本編年史」の編纂にあたり史料にもとづく実証主義史学を説く。臨時編年史編纂掛委員長兼帝国大学文科大学教授、史学会初代会長、貴族院勅選議員などを務めた。晩年は史学界の長老として重きをなす。（以下略）

つづいて久米邦武（一八三九―一九三一）の項を引く。

明治・大正期の歴史学者。佐賀《さが》藩士出身。太政官《だじょうかん》に出仕し、一八七一～七三年（明治四～六）岩倉《いわくら》遣外使節団に加わり欧米を視察。記録係を務め「特命全権大使米欧回覧実記」を編纂。修史館で広く史料収集にあたり、ついで帝国大学文科大学教授兼編年史編纂掛となり、実証主義史学の発展に貢献。「史学会雑誌」に発表した「神道は祭天の古俗」が神道家の非難を浴び、九二年に辞職。のち早稲田大学教授。（以下略）

右のふたりがそろって順逆史観を唱えたため、この歴史観は文部省と今日の東大史学科お墨付きのものとなったのだ。

昌平坂《しょうへいざか》学問所への留学時代に会津藩士秋月悌次郎《あきづきていじろう》（胤永《かずひさ》）とも交流のあった重野は、あらためていっておくと、文久三年（一八六三）八月十八日の政変に際しては会津藩と薩会《さつかい》同盟を結んで長州藩士と尊攘激派の七卿を京から追放したにもかかわらず、のちに薩長同盟を締結した薩摩藩の出身。久米邦武は、小田山《おだやま》から鶴ヶ城へアームストロング砲を撃ちかけた佐賀藩の出身。

このふたりが手を組んで修史事業をおこなっては、その語る幕末維新史が幕府、会津藩および奥羽越列藩同盟に必要以上に厳しいものになるのも止むを得なかった。旧幕臣、旧会津藩および奥羽越列藩同盟参加諸藩の藩士子弟たちにとって、こうして明治時代は審判団が敵の得点ばかりを認めてこちらの得点はすべて無視する競技大会にむりやり出場させられたようなものになったのである。

もちろん今日の東大に、順逆史観を信奉する学者は存在しなくなっている。私がある教授に対してこの史観に色濃い差別意識について言及した時、その教授は答えた。

「これは本当に東大に責任のあることで、私が代わってお詫びします」

その言や、よし。

しかし、明治という時代を振り返るなら、この史観が東日本出身の青年たちに哀しみと屈辱感を与えつづけたことを忘れてはならない。

そして、東日本全域にそのような感覚が浸透するなかで発生した内乱が、明治十年(一八七七)の西南戦争であった。旧会津藩家老佐川官兵衛《さがわかんべえ》が豊後口《ぶんごのくち》警視隊副指揮長として出征、阿蘇山麓《あそさんろく》で戦死したのも、おなじく山川浩《やまかわひろし》が陸軍中佐、別働第二旅団参謀として出征し、熊本鎮台救援第一号の栄誉に輝いたのも、戊辰の雪辱を果たそうとした結果なのである。

かつて「幕賊の暴を助け、その罪軽からず」と指弾された旧桑名《くわな》藩と旧会津藩の西南戦争勃発時の反応を見ておこう。まずは旧桑名藩の動きから。

ここにおいて、当時判事補として徳島在勤中の立見尚文《たつみなおぶみ》は、時至れり、戊辰の恥辱を雪《そそ》ぐは今を措《お》きて何《いず》れの時かこれあらんや、と奮起し、同志を得て事を共にせんと、一日《いちじつ》、偶然これを旧主隠居定敬《さだあき》公に語りしに、公、速かにその挙《きょ》に賛同されしのみならず、御自身また共に努力せられんことを洩《もら》されたれば、立見深く感動喜悦し（略）、郷に就き、義兵募集に着手せり。然《しか》るところ郷人また皆立見と同様の考えを懐《いだ》き居《おり》たれば、競ってこれに応じ一大隊（四百余名）を得たれば、立見はこれを率いて上京し、尋《つい》で陸軍少佐に任ぜられ、大隊は新選旅団の一部として小松少将宮《しようのみや》彰仁親王に属し征途に登り、何れも奮闘功を奏し、その目的を達したり。

（加太邦憲『自歴譜』）

戊辰戦争中には「佐幕派強い者番付」が作られていたものだったが、その番付とは、

「第一に桑名、二に佐川、次の者は衝鋒隊《しょうほう》」

というもの。当時、鑑三郎と称していた立見尚文は桑名藩一番隊（のち雷神隊《らいじん》）の隊長として宇都宮《うつのみや》戦争、越後口《えちごぐち》戊辰戦争、会津脱出戦、寒河江《さがえ》戊辰戦争その他を戦った強者である。明治十年九月二十四日、西郷隆盛の籠《こも》る鹿児島城山の岩崎谷《いわさきだに》へ百六十人の兵を率いて突入し、かれに自決を強いた者こそ立見であったから、右の「その目的を達したり」という記述はまことに正しい。

では旧会津藩の動きはというと、山川浩のように陸軍軍人としてではなく、徴募巡査として出動した者が多い。警視隊の総人員は「概《おおむ》ね一万三千名」（後藤正義『西南戦争警視隊戦記』）であるが、塩谷七重郎の労作『西南戦争・福島県人の奮戦』によると、福島県下から徴募巡査として出征し、かつ生還した者は千百三十六名。これに以前から警視局に奉職していた者六百名、斗南《となみ》藩関係三百名をふくめると、二千三十六名と旧桑名藩士の約五倍の数字が得られる（ほかに戦死者百九十四名）。

この数字には旧福島藩士、旧二本松《にほんまつ》藩士、旧磐城平《いわきたいら》藩士、旧相馬中村《そうまなかむら》藩士らもふくまれているものの、一万三千名中の一割前後は旧会津藩士ないしその子弟だったと考えて間違いあるまい。

旧会津藩士たちのすさまじい戦ぶりについては、犬養毅の「戦地直報」という目撃談が残されている。

（三月）十四日、田原坂の役、我軍進んで賊（薩軍）の堡《とりで》に迫り、殆《ほとん》ど之を抜かんとするに当り、残兵十三人固守して退かず、其《その》時故会津藩某（巡査隊の中《うち》）身を挺して奮闘し、直《ただち》に賊十三人を斬る。其闘ふ時大声呼《よばわ》って曰く、戊辰の復讐、戊辰の復讐と。

是は少々小説家言の様なれども、決して虚説に非ず、此《この》会人《かいじん》は少々手《て》負《おい》しと言ふ。（東京木堂会編纂『犬養木堂』）

山川浩の従者として出征した旧会津藩士高木《たかぎ》盛之《もりの》輔《すけ》は、薩軍全滅と知った時の感慨を一首の和歌に託した。

嗚呼《ああ》足れり深き恨みもはるるよの月影清し苅萱《かるかや》の関（高木一郎『わが家の記録』）

このころにはまだ、

「朝敵回り持ち」

ということばがあった。禁門の変を起こして天下の賊軍とされた長州藩が、戊辰戦争においては官軍となった。元官軍であった会桑《かいそう》両藩はその戊辰戦争においては賊軍と名指されたが、西南戦争では晴れて官軍として賊徒たる薩軍を討伐することができた。その運命の変転が「朝敵回り持ち」なのである。

ふたたび精神史ということばを用いるならば、私は幕末という時代は江戸無血開城でおわったのではなく、西南戦争の終結によってようやく幕を閉じた、すなわち明治十年までは日本精神史上の幕末であった、と考えている。先に引いた高木盛之輔の和歌は、この見地からするとよく時代の終幕を読み取った作品といえよう。

ところが、まもなく歴史記述の世界に「ねじれ現象」が起こった。

それをつぶさに眺めるためのキーワードとなるのは、「白虎隊《びゃっこ》」である。西南戦争の終了後、会津地方にあっては白虎士中二番隊の十九士の死を哀しみ、飯《いい》盛山《もりやま》へ参詣する人が次第に増加した。それと並行して白虎隊は教科書にも登場するのだが、その記述を見ておこう(傍点部分は誤り)。

白虎、皆少年ナリ、白虎隊多ク城外ニ死ス、城陥ルノ日其徒廿人皆屠腹シテ斃死《へんし》ス

（同時に死んだ）、人皆之ヲ哀シム。（椿時中編纂『小学国史紀事本末』明治十六年〈一八八三〉）

此の間に藩中の少年団白虎の一隊は、花々しく戦ひて多く討死せしが、生残りたる十六人飯盛山にのぼり、跪《ひざまず》き城を拝し、互に刺しちがへて死せり。（『尋常小学国史』下巻、大正九年〈一九二〇〉）

会津の白虎隊と名づける少年の一団が、はなばなしく戦つて、次々に討死し、わづかに残つた十九人が、飯盛山にのぼり、はるかに城を望みながら、たがひに刺しちがへて、けなげな最期をとげたのは、この時のことです。（『初等科国史』下巻、昭和十八年〈一九四三〉）

『初等科国史』に至って、「けなげな最期」という評価が加わるのは、いうまでもなく戦時下にあってはこのような死の選択こそが日本人のあらまほしき姿とされたからである（小著『白虎隊』文春新書参照）。

しかし、思い出していただきたい。先の教科書が書かれた時代は、まだ順逆史観が官製史観でもあったことを。

　すると、どうなるか。旧会津藩は全体としては賊徒であったが、白虎士中二番隊の十九士のみは「けなげ」――あっぱれな少年たちだった、ということになる。これが私のいう「ねじれ現象」であり、これは歴史記述の歪みにほかならない。本来、白虎隊とほかの会津藩士たちとは運命共同体だったのだから、一方を評価して他方を否定するという見解などは成り立たないのだ。

　われわれ日本人は世界有数の識字率を誇っており、その分だけ教科書や歴史書の記述を信じやすい傾向にあるようだ。とはいえ「会津落城」といったことばを平気で使う物書きもいるのだから、記述を鵜《う》呑《の》みにすることだけは避けたいものである。

　さて、冒頭で触れた戊辰戦争百四十周年の記念事業についていうと、昨年九月二十日に東山の御宿東鳳《おんやどとうほう》でおこなった私の講演の演題は「奥羽越列藩同盟の歴史的意義を考える」。その細部を再論するには紙数が足らないので、いまはその講演の冒頭に紹介した司《し》馬《ば》遷《せん》のことばだけをおさらいしたい。それは、

「天道是《ぜ》か非《ひ》か」

　これは「天は善人に福を与え、悪人に禍を下すというが、実際には善人が苦しみ悪人が楽をすることがあって、はたして天が必ず正しいかどうかわからないということ

（以下略）」である（小学館『故事・俗信ことわざ大辞典』）。

私は戊辰戦争における勝者と敗者を考えると「天道是か非か」とつぶやきたくなるので、このことばを紹介することから話を展開してみたのだ。

それにしても戊辰戦争の勝者の系列が藩閥政治をおこないつづけ、それがいつしか軍閥に取って替わられて日本を亡国に導いたことは周知の事実。江戸幕府が慶長《けいちょう》八年（一六〇三）の開府から慶応《けいおう》三年（一八六七）の大政奉還まで二百六十四年の風雪に堪えたのに対し、明治以後の体制は昭和二十年（一九四五）夏の敗戦までの七十七年間しかもたなかった。いわば、後者は耐久力に欠けていた。

一体それはなぜか、と問う視線も歴史を考える時には必要なのである。特に江戸時代と戊辰戦争を振り返る場合には。

あとがき

個人的なことをいいますと、平成二十一年（二〇〇九）は私が還暦を迎えた年でした。

本書にはその年の五月から二年間、「歴史のクロスロード」と題して「地方債月報」（財団法人地方債協会発行）に連載した一回につき原稿用紙八枚の歴史読物を中心とし、その前後に書いた歴史エッセイや史論も収録しました。昨年五月、私は講談社から『幕末維新史の定説を斬る』というやや固めの史論集を出版しましたが、本書のトーンはそれとはかなり趣を異にし、講談社文庫所収の歴史エッセイ集『名将がいて、愚者がいた』に近い軽い味が出せたのではないかと思っています。

いま、「味」ということばを使いましたが、私が歴史エッセイや史論を書く際に大切にしたいのは、史実とその史実を明記した史料を重視しながらも無味乾燥な印象を与える一編にはしたくない、という一点に尽きます。本書には柴田勝家、浅井長政、近藤勇、黒田清隆などかなり知名度の高い日本人が登場しますが、これらの人々について書く場合はこれまで論じられたことのない角度から物を見ることに努めました。一方、長野業正、間野甚右衛門、豊島明重などほとんど無名といってもよい人々にも登場してもらいましたが、私は本来、史料の中にひっそりと眠っている人物を発掘するのが好きな歴史作家なのかも知れません。

ちなみに私は「歴史のクロスロード」を書くのと並行して『花ならば花咲かん　会津藩家老田中玄宰《はるなか》』（ＰＨＰ研究所刊）、『真田三代風雲録』（実業之日本社刊）、『戦国はるかなれど　堀尾吉晴の生涯』（光文社刊）などを手掛けてきました。本書に会津藩関係、あるいは戦国時代の人物についての文章が多くなったのは、これらの長編小説を書くために史料を読むうち、

「ここの部分は歴史読物に仕立てた方がいい」

と感じられる記述にぶつかることが相ついだせいでしょう。

なお本書に収録した諸編は、初め講談社文芸図書第二出版部の部次長福田美知子氏にお預けし、ざっと目次を作っていただいたものでした。その福田氏が講談社ビジネスパートナーズに移られたため、文芸図書第二出版部の副部長塩見篤史氏がバトンを引きついで本作りにあたって下さいました。『乱世の名将　治世の名臣』という総タイトルは塩見氏のアイデアですので、まずはこの御両者に謝辞を捧げたいと思いま

す。

＊

右は、本書の単行本に付した後記です。その後あっという間に歳月が流れ、このたびは講談社文庫版を発行していただくことになりました。担当して下さった講談社文庫出版部部次長の野村吉克氏と装幀家の坂田政則氏にも謝辞を捧げます。

平成二十八年（二〇一六）正月

中村　彰彦

初出一覧

Ⅰ　歴史のクロスロード

歴史のクロスロード　「地方債月報」２００９年5月号～２０１１年1月号　地方債協会
「日本一の兵」真田幸村、最後の戦い　「インペリアル」２０１６年第92号　帝国ホテル
「知恵伊豆」の夫婦愛　「潮」２００３年5月号　潮出版社
田中玄宰の構造改革　「歴史通」２０１０年9月号「田中玄宰」ワック
男たちは何を目指して戦ったのか　「名城を歩く23　五稜郭」２００４年11月　ＰＨＰ研究所
坂本龍馬が明治を生きる　「文藝春秋」２００９年11月号　文藝春秋
「東洋一の用兵家」立見尚文　「ＳＡＰＩＯ」２０１０年1月4日合併特大号　小学館
日清・日露戦争寸感　「本の話」２００４年5月号　文藝春秋
武士道精神が生きていた時代　「文藝春秋」２００９年12月臨時増刊号　文藝春秋

Ⅱ　時代は巡る

三内丸山遺跡で考えた　「文藝春秋」２００８年4月臨時増刊号　文藝春秋
邪馬台国論争を考える　「オール讀物」２００９年1月号　文藝春秋
私の「中世」　「日本の中世月報12」２００３年5月　中央公論新社
私の古寺巡礼　「寺門興隆」２００６年4月号　興山舎

Ⅲ　私の会津史

史論はどのように書かれるべきか　「会津人群像」２０１０年第17号　歴史春秋社
烈婦・山本八重の会津戦争　「歴史ＲＥＡＬ」２０１１年第４号　洋泉社
会津・長州の和解　「公明新聞」２００８年２月10日
戊辰戦争とは何だったのか　「会津人群像」２００９年第13号　歴史春秋社

本書は二〇一二年七月小社より刊行されました。

|著者| 中村彰彦　1949年栃木市生まれ。東北大学文学部卒業後、文藝春秋勤務を経て、文筆活動に入る。'87年『明治新選組』で第10回エンタテインメント小説大賞を、'93年『五左衛門坂の敵討』で第1回中山義秀文学賞を、'94年『二つの山河』で第111回直木賞を、2005年には『落花は枝に還らずとも』で第24回新田次郎文学賞を受賞。『遊撃隊始末』『保科正之』『名君の碑』『名将がいて、愚者がいた』『真田三代風雲録』『戦国はるかなれど──堀尾吉晴の生涯』など、戦国、江戸期から明治期にかけて題材をとった小説・評伝・歴史エッセイの著書が多い。丹念な史料の読み込み、いずれにも偏しない歴史観に基づく作品群に高い信頼が寄せられている。

乱世《らんせ》の名将《めいしょう》　治世《ちせい》の名臣《めいしん》
中村彰彦《なかむらあきひこ》

講談社文庫
定価はカバーに
表示してあります

2016年1月15日第1刷発行

発行者──鈴木　哲
発行所──株式会社　講談社
東京都文京区音羽2-12-21　〒112-8001
電話　出版（03）5395-3510
　　　販売（03）5395-5817
　　　業務（03）5395-3615

Printed in Japan

デザイン─菊地信義
製版───慶昌堂印刷株式会社
印刷───慶昌堂印刷株式会社
製本───株式会社国宝社

ISBN978-4-06-293288-2

講談社文庫刊行の辞

二十一世紀の到来を目睫に望みながら、われわれはいま、人類史上かつて例を見ない巨大な転換期をむかえようとしている。

世界も、日本も、激動の予兆に対する期待とおののきを内に蔵して、未知の時代に歩み入ろうとしている。このときにあたり、創業の人野間清治の「ナショナル・エデュケイター」への志を現代に甦らせようと意図して、われわれはここに古今の文芸作品はいうまでもなく、ひろく人文・社会・自然の諸科学から東西の名著を網羅する、新しい綜合文庫の発刊を決意した。

激動の転換期はまた断絶の時代である。われわれは戦後二十五年間の出版文化のありかたへの深い反省をこめて、この断絶の時代にあえて人間的な持続を求めようとする。いたずらに浮薄な商業主義のあだ花を追い求めることなく、長期にわたって良書に生命をあたえようとつとめるところにしか、今後の出版文化の真の繁栄はあり得ないと信じるからである。

同時にわれわれはこの綜合文庫の刊行を通じて、人文・社会・自然の諸科学が、結局人間の学にほかならないことを立証しようと願っている。かつて知識とは、「汝自身を知る」ことにつきていた。現代社会の瑣末な情報の氾濫のなかから、力強い知識の源泉を掘り起し、技術文明のただなかに、生きた人間の姿を復活させること。それこそわれわれの切なる希求である。

われわれは権威に盲従せず、俗流に媚びることなく、渾然一体となって日本の「草の根」をかたちづくる若く新しい世代の人々に、心をこめてこの新しい綜合文庫をおくり届けたい。それは知識の泉であるとともに感受性のふるさとであり、もっとも有機的に組織され、社会に開かれた万人のための大学をめざしている。大方の支援と協力を衷心より切望してやまない。

一九七一年七月

野間省一

講談社文庫 最新刊

向田邦子 新装版 **眠る盃**
なにげない日常から鮮やかな人生を切りとる珠玉の随筆集。文字が大きくなった新装版。

殊能将之 **子どもの王様**
親友が語る〝つくり話〟の真相とは？『ハサミ男』の殊能将之が遺《のこ》した傑作を文庫化。

睦月影郎 **卒業 一九七四年**
あの頃の純な女子高生は眩《まぶ》しく美しかった。青い季節が甦《よみがえ》る書下ろし昭和青春官能小説。

乃南アサ 新装版 **窓**
同じ障害のある少年が凶悪犯罪の容疑者に——。少女のひたむきさが胸に迫る傑作長編。

稲葉博《ひろ》一《いち》 **忍者烈伝**
「鳶（飛び）加藤」こと、伝説の伊賀忍者・加藤段蔵の、活躍と苦悩を描いた戦国忍者小説。

芝村凉也 **孤《こ》闘《とう》の寂《せき》**〈素浪人半四郎百鬼夜行㈥〉
老中の画策、忍者暗躍、迫りくる大厄。「怪異沸騰編」怒濤の開幕！〈文庫書下ろし〉

zopp **ソングス・アンド・リリックス**
セールス二千万枚超え！ 売れっ子作詞家が描く作詞家への道。書下ろし青春音楽小説。

中村彰彦 **乱世の名将 治世の名臣**
激動と停滞を繰り返す歴史のうねりの中で、いつの時代にも必ず輝きを放つ人物がいる。

下《かば》野《た》康史 **ポルシェより、フェラーリより、ロードバイクが好き**〈熱狂と悦楽の自転車ライフ〉
〝日本一の自動車評論家〟が自転車にハマった！ロードバイクの魅力びっしり、痛快エッセイ。

本格ミステリ作家クラブ・編 **探偵の殺される夜**〈本格短編ベスト・セレクション〉
短編ミステリはこれを読めば間違いなし！厳選した絶品のアンソロジーをお届け！

キャロライン・ケプネス 白石 朗 訳 **Y O U (上)(下)**
NYの書店員ジョーが「きみ」に語りかける究極の愛の言葉。サイコサスペンスの傑作。

黒井千次・選
「内向の世代」初期作品アンソロジー
まえがき＝黒井千次

「内向の世代」の中心的存在、後藤明生、黒井千次、阿部昭、坂上弘、古井由吉。〝サラリーマン作家〟だった時代の瑞々しい魅力が横溢する、記念碑的中短篇選集。

くA7
978-4-06-290297-7

木山捷平
酔いざめ日記
昭和七年から、四三年の亡くなる直前まで書き綴った、小説家の日記、初文庫化。困窮の生活・この時代の作家たちの交遊・社会的事件など、昭和史としても卓抜。

きC14
978-4-06-290300-4

鶴見俊輔
埴谷雄高
解説＝加藤典洋　年譜＝編集部

思想界の先導者が、近代文学に屹立する埴谷雄高と未完の名作『死霊』を約半世紀にわたり論じた集大成。両者の誌上初対論が実現した座談会や鶴見の献詩も収録。

つJ1
978-4-06-290298-4

講談社文庫　目録

講談社文庫　目録

西澤保彦　人格転移の殺人
西澤保彦　麦酒《ばくしゅ》の家の冒険
西澤保彦　幻惑密室
西澤保彦　実況中死
西澤保彦　念力密室！
西澤保彦　夢幻巡礼
西澤保彦　転・送・密・室
西澤保彦　人形幻戯
西澤保彦　ファンタズム
西澤保彦　生贄を抱く夜《よ》
西澤保彦　ソフトタッチ・オペレーション
西澤保彦　新装版 瞬間移動死体
西澤保彦　いつか、ふたりは二匹
西村　健　ビンゴ
西村　健　脱出 GETAWAY
西村　健　突破 BREAK
西村　健　劫火1 ビンゴR《リターンズ》
西村　健　劫火2 大脱出
西村　健　劫火3 突破再び

西村　健　劫火4 激突
西村　健　笑い犬
西村　健　ゆげ福〈博多探偵事件ファイル〉
西村　健　はしご〈博多探偵ゆげ福〉
西村　健　完食！〈博多探偵ゆげ福〉
西村　健　残火
西村　健　地の底のヤマ(上)(下)
楡　周平　青狼記(上)(下)
楡　周平　陪審法廷
楡　周平　宿命(上)(下)〈ワンス・アポン・ア・タイム・イン・東京〉
楡　周平　血戦〈ワンス・アポン・ア・タイム・イン・東京2〉
楡　周平　修羅の宴(上)(下)
楡　周平　レイク・クローバー(上)(下)
西村　滋　お菓子放浪記
西尾維新　クビキリサイクル〈青色サヴァンと戯言遣い〉
西尾維新　クビシメロマンチスト〈人間失格・零崎人識〉
西尾維新　クビツリハイスクール〈戯言遣いの弟子〉
西尾維新　サイコロジカル (上)〈兎吊木垓輔の戯言殺し〉/(下)〈曳かれ者の小唄〉
西尾維新　ヒトクイマジカル〈殺戮奇術の匂宮兄妹〉

西尾維新　ネコソギラジカル(上)〈十三階段〉
西尾維新　ネコソギラジカル(中)〈赤き征裁vs.橙なる種〉
西尾維新　ネコソギラジカル(下)〈青色サヴァンと戯言遣い〉
西尾維新　ダブルダウン勘繰郎《かんぐろう》 トリプルプレイ助悪郎《スケアクロウ》
西尾維新　零崎双識の人間試験
西尾維新　零崎軋識《ぜろざきしきしき》の人間ノック
西尾維新　零崎曲識の人間人間
西尾維新　零崎人識の人間関係 匂宮出夢との関係
西尾維新　零崎人識の人間関係 無桐伊織との関係
西尾維新　零崎人識の人間関係 零崎双識との関係
西尾維新　零崎人識の人間関係 戯言遣いとの関係
西尾維新　xxxHOLiC アナザーホリック
西尾維新　ランドルト環《かん》エアロゾル
西尾維新　難民探偵
西尾維新　少女不十分
西村賢太　どうで死ぬ身の一踊り
仁木英之　千里伝
仁木英之　時輪の轍《わだち》〈千里伝〉
仁木英之　武《ぶ》神《しん》の賽《さい》〈千里伝〉
仁木英之　乾《けん》坤《こん》の児《こ》〈千里伝〉

講談社文庫　目録

西川善文　ザ・ラストバンカー〈西川善文回顧録〉
西川　司　向日葵《ひまわり》のかっちゃん
貫井徳郎　修羅の終わり
貫井徳郎　鬼流殺生祭
貫井徳郎　妖奇切断譜
貫井徳郎　被害者は誰？
A・ネルソン　「ネルソンさん、あなたは人を殺しましたか？」
野村　進　コリアン世界の旅
野村　進　救急精神病棟
野村　進　脳を知りたい！
法月綸太郎　雪密室
法月綸太郎　誰《たそ》彼《がれ》
法月綸太郎　頼子のために
法月綸太郎　ふたたび赤い悪夢
法月綸太郎　法月綸太郎の冒険
法月綸太郎　法月綸太郎の新冒険
法月綸太郎　法月綸太郎の功績
法月綸太郎　新装版　密閉教室
法月綸太郎　怪盗グリフィン、絶体絶命

法月綸太郎　キングを探せ
乃南アサ　ライン
乃南アサ　窓
乃南アサ　不発弾
乃南アサ　火のみち(上)(下)
乃南アサ　ニサッタ、ニサッタ(上)(下)
乃南アサ　地のはてから(上)(下)
乃南アサ　新装版　鍵
野口悠紀雄　「超」勉強法
野口悠紀雄　「超」勉強法・実践編
野口悠紀雄　「超」発想法
野口悠紀雄　「超」英語法
野口悠紀雄　超「超」整理法〈クラウド時代を勝ち抜く仕事の新セオリー〉
野沢　尚　破線のマリス
野沢　尚　リミット
野沢　尚　呼《よ》人《ひと》
野沢　尚　深紅
野沢　尚　砦なき者
野沢　尚　魔笛

野沢　尚　ひたひたと
野沢　尚　ラストソング
野口武彦　幕末気分
のり・たまみ　2階でブタは飼うな！〈日本と世界のおかしな法律〉
野崎　歓　赤ちゃん教育
野中　柊　ひな菊とペパーミント
野村正樹　頭の冴えた人は鉄道地図に強い
半村　良　飛雲城伝説
原田泰治　わたしの信州
原田泰治・原田武雄　泰治が歩く〈原田泰治の物語〉
原田康子　海霧(上)(中)(下)
林　真理子　テネシーワルツ
林　真理子　幕はおりたのだろうか
林　真理子　女のことわざ辞典
林　真理子　さくら、さくら〈おとなが恋して〉
林　真理子　みんなの秘密
林　真理子　ミスキャスト
林　真理子　ミルキー
林　真理子　新装版　星に願いを

講談社文庫　目録

平岩弓枝　わたしは椿姫
平岩弓枝　花　祭
平岩弓枝　青の伝説
平岩弓枝　青の回帰(上)(下)
平岩弓枝　青の背信
平岩弓枝　五人女捕物くらべ(上)(下)
平岩弓枝　はやぶさ新八御用帳(一)〈大奥の恋人〉
平岩弓枝　はやぶさ新八御用帳(二)〈江戸の海賊〉
平岩弓枝　はやぶさ新八御用帳(三)〈又右衛門の女房〉
平岩弓枝　はやぶさ新八御用帳(四)〈鬼勘の娘〉
平岩弓枝　はやぶさ新八御用帳(五)〈御守殿おたき〉
平岩弓枝　はやぶさ新八御用帳(六)〈春月の雛〉
平岩弓枝　はやぶさ新八御用帳(七)〈寒椿の寺〉
平岩弓枝　はやぶさ新八御用帳(八)〈春怨 根津権現〉
平岩弓枝　はやぶさ新八御用帳(九)〈王子稲荷の女〉
平岩弓枝　はやぶさ新八御用帳(十)〈幽霊屋敷の女〉
平岩弓枝　はやぶさ新八御用旅(一)〈東海道五十三次〉
平岩弓枝　はやぶさ新八御用旅(二)〈中仙道六十九次〉
平岩弓枝　はやぶさ新八御用旅(三)〈日光例幣使道の殺人〉
平岩弓枝　はやぶさ新八御用旅(四)〈北前船の事件〉
平岩弓枝　はやぶさ新八御用旅(五)〈諏訪の妖狐〉
平岩弓枝　新装版 おんなみち(上)(中)(下)
平岩弓枝　極楽とんぼの飛んだ道〈私の半生、私の小説〉
平岩弓枝　ものは言いよう
平岩弓枝　老いること暮らすこと
平岩弓枝　なかなかいい生き方
平岡正明　志ん生的、文楽的
東野圭吾　放課後
東野圭吾　卒業〈雪月花殺人ゲーム〉
東野圭吾　学生街の殺人
東野圭吾　魔球
東野圭吾　十字屋敷のピエロ
東野圭吾　眠りの森
東野圭吾　宿命
東野圭吾　変身
東野圭吾　仮面山荘殺人事件
東野圭吾　天使の耳
東野圭吾　ある閉ざされた雪の山荘で
東野圭吾　同級生
東野圭吾　名探偵の呪縛
東野圭吾　むかし僕が死んだ家
東野圭吾　虹を操る少年
東野圭吾　パラレルワールド・ラブストーリー
東野圭吾　天空の蜂
東野圭吾　どちらかが彼女を殺した
東野圭吾　名探偵の掟
東野圭吾　悪意
東野圭吾　私が彼を殺した
東野圭吾　嘘をもうひとつだけ
東野圭吾　時生
東野圭吾　赤い指
東野圭吾　流星の絆
東野圭吾　新装版 浪花少年探偵団
東野圭吾　新装版 しのぶセンセにサヨナラ
東野圭吾　新参者
東野圭吾　麒麟の翼
東野圭吾　パラドックス13

2015年12月15日現在